HEYNE
BÜCHER

D1995285

HEYNE KOCHBÜCHER

Barbara Rias-Bucher

Kochen mit Getreide und Hülsen-Früchten

Von Ackerbohne bis Zuckermais

Über 200 Rezepte

WILHELM HEYNE VERLAG
MÜNCHEN

HEYNE-KOCHBÜCHER
Nr. 07/4459

Umschlagfoto: Sigi Bumm, Studioh!, Müchen
Innenfotos: Christian Teubner, Jahreszeiten Verlag, Gruner & Jahr
Umschlaggestaltung: Atelier Ingrid Schütz, München
Satz: Schaber, Wels
Druck und Bindung: Ebner Ulm

ISBN 3-453-40443-2

INHALT

Die Gerichte sind, wenn nicht anders angegeben, für vier Personen

Abkürzungen:

EL = Eßlöffel
TL = Teelöffel
g = Gramm
ml = Milliliter
ccm = Kubikzentimeter

Einleitung

Lange Zeit wurde belächelt, wer sich hauptsächlich von Getreide und Hülsenfrüchten, Kartoffeln, Gemüse und Obst ernährte. Als »Kohlrabiapostel« und »Körnerfreaks« bezeichnete man solche Leute, die nach vorherrschender Meinung den leiblichen Genüssen abgeschworen hatten. Wer gut essen wollte, brachte Fleisch auf den Tisch und das nicht zu knapp. Und niemand hätte es gewagt, einem sogenannten Feinschmecker Grünkernpflänzchen oder Tofuschnitzel zu servieren.

Lange achtete man gar nicht darauf, was Ernährungswissenschaftler uns klarzumachen versuchten: Kohlenhydrate sollen den Löwenanteil unserer Nahrung ausmachen, nämlich 50 bis 60 Prozent des gesamten täglichen Energiebedarfs. Früher haben sich die meisten Menschen auch so ernährt, weil kohlenhydrathaltige Lebensmittel wie Getreide, Hülsenfrüchte und Kartoffeln am billigsten waren. Mit steigendem Wohlstand hat sich dann das Gewicht auf Fleisch und Fisch verlagert: Man konnte sich den Braten nicht mehr nur zum Schlachtfest, sondern das ganze Jahr über, später sogar jeden Tag leisten. Die Erzeuger haben sich auf diese Entwicklung eingestellt und sie durch Züchtung und schnelle Mast der Tiere sogar noch kräftig gefördert. An die oft mindere Fleischqualität haben wir uns dann gewöhnt, weil wir es gar nicht mehr anders kannten. So akzeptieren wir, ohne mit der Wimper zu zucken, die genormten Tiefkühlhähnchen, die mit freischarrenden Hühnern vom Bauernhof nur noch die Anatomie gemeinsam haben, und das Fleisch von den stromlinienförmigen EG-Schweinen, denen man den Speck weggezüchtet hat und die man deshalb schon während der Mast und erst recht vor dem Schlachten mit Beruhigungsmitteln füttern muß, damit sie nicht vorzeitig am Streß verenden, den sie in ihrem kurzen Leben ertragen müssen.

Und selbst unsere Bestürzung über die verschiedenen Lebensmittelskandale hielt nie lange an; wir gingen rasch wieder zur Tagesordnung über und kauften mehr oder weniger kritiklos, was in den vollen Regalen der Supermärkte angeboten wurde. Dabei lag es immer auch in unserer Hand, diesem fatalen Trend zur bloßen Nahrungsmittelproduktion Einhalt zu gebieten und uns wieder mehr auf das zu besinnen, was wir eigentlich essen (sollten). Denn kohlenhydrathaltige Lebensmittel wie Hülsenfrüchte und Getreide liefern reichlich pflanzliches Eiweiß und stellen deshalb nicht nur eine schmackhafte, sondern auch gesunde Alternative zu Fleisch dar.
Ein Wandel ist gottlob eingetreten. Seit wir im Überfluß zu essen haben und trotzdem — oder besser: gerade deswegen — mit ernährungsbedingten Krankheiten kämpfen müssen, denken viele von uns gründlich um. Deshalb ist Kochen mit Getreide und Hülsenfrüchten wieder »in« — zu Recht, denn was schon an Großmutters Küche so natürlich, gesund und schmackhaft war, wurde von den bedeutenden Küchenchefs längst wiederentdeckt. Auch Gourmets wissen nun Linsensalat, Geflügel mit Körnerfüllung und Vollkornnudeln in Sahnesauce zu schätzen. Auch lange vergessene Genüsse wie Hirse und Buchweizen, schwarze Bohnen und gelbe Linsen haben sich in der modernen ernährungsbewußten Küche jetzt einen festen Platz erobert. Kein Wunder, denn sie lassen sich nicht nur in erstaunlich köstlicher Vielfalt zubereiten, sondern geben dem Körper alles, was er braucht: neben pflanzlichem Eiweiß auch reichlich Ballaststoffe, Vitamine und Mineralstoffe.
Sie finden in diesem Buch eine ganze Bandbreite bewährter und auch vollkommen neuer Rezepte. Deshalb können Sie Ihre Familie und Ihre Gäste zu wirklich allen Gelegenheiten fantasievoll bewirten: mit köstlichen Frühstücks-Müsli und kleinen Snacks, delikaten Suppen und herzhaften Eintöpfen, deftigen Gerichten aus dem Backofen und verlockenden Genüssen aus der vegetarischen Küche. Sie lernen Schlemmereien mit Fleisch und Fisch kennen, die durch Weizenkeimlinge oder Mais, Kichererbsen oder rote Bohnen noch attraktiver werden. Freunde von süßen Leckereien kommen mit üppigen Mehlspeisen und feinen Desserts auf ihre Kosten. Und wer »vollwertig« backen

möchte, kann wählen zwischen kernigen Kuchen und Plätzchen für den gemütlichen Kaffeklatsch oder saftigen Quiches, knusprigen Brötchen und pikanten Torten zum Dämmerschoppen.
Eine ausführliche Warenkunde informiert Sie über die verschiedenen Getreidearten und Hülsenfrüchte sowie alle anderen Produkte, die Sie vielleicht noch nicht so genau kennen. Außerdem erfahren Sie Grundlegendes über gesunde Ernährung und modernes Kochen. Aus meiner langjährigen Erfahrung habe ich Ihnen in Theorie und Praxis alles zusammengestellt, was Sie brauchen, wenn Sie gesund und köstlich essen wollen.

Getreide und Hülsenfrüchte in unserer Ernährung

Getreide und Hülsenfrüchte bildeten jahrhundertelang die Grundlage der menschlichen Ernährung, und auch heute noch lebt der überwiegende Teil der Weltbevölkerung fast ausschließlich davon. Nur in den Industrienationen ist man allmählich dazu übergegangen, den Eiweißbedarf des Körpers mit tierischen Produkten zu decken, obwohl gerade Getreide und Hülsenfrüchte reich an hochwertigem pflanzlichen Eiweiß und dazu auch noch preiswerte Energielieferanten sind.
Gewiß, es kostet weniger Zeit und Mühe, ein Steak in die Pfanne zu legen, als geschmorten Weizen zuzubereiten. Und die Linsensuppe gilt noch immer als billiges Gericht, das am Monatsende auf den Tisch kommt, wenn das Geld in der Haushaltskasse knapp geworden ist. Das ist auch einer der Gründe, weshalb Fleisch bei uns so hoch im Kurs steht: Früher konnten es sich die meisten Menschen gar nicht leisten, jeden Tag einen Braten aufzutischen — die älteren Leser unter Ihnen werden sich daran erinnern. Erst mit steigendem Wohlstand war es möglich, so richtig in die Vollen zu greifen, und die tägliche Fleischmahlzeit wurde — ein wenig überspitzt ausgedrückt — zum Zeichen dafür, daß man am Essen nicht mehr zu sparen brauchte.
Unserer Gesundheit haben wir damit keinen großen Dienst erwiesen — auch wenn uns Fleisch lange Zeit als der Schlankmacher Nummer Eins angepriesen wurde. Fleisch führt dem Organismus zwar essentielle, also lebenswichtige Eiweißbausteine zu, doch es ist auch reich an gesättigten Fettsäuren, die wiederum den Cholesterinspiegel im Blut erhöhen. Die Folge sind Herz- und Gefäßleiden. Außerdem enthält Fleisch Purine, die der Körper in Harnsäure umwandelt. Ein Zuviel an Harnsäure

begünstigt die Bildung von Nierensteinen und das Entstehen von Gicht. Ein Weiteres kommt hinzu: Fleisch enthält so gut wie keine Ballaststoffe. Diese aber sind unbedingt notwendig für eine geregelte Verdauung, und es gilt inzwischen als erwiesen, daß eine ballaststoffreiche Ernährung sogar Krebs vorbeugt.
Kein Wunder also, daß Ernährungsfachleute schon seit einigen Jahren Alarm schlagen und uns raten, unsere Eßgewohnheiten zu verändern, wenn wir mehr für unser Wohlbefinden und unsere Gesundheit tun wollen. Ernährungsbewußt essen heißt, Gemüse, Kartoffeln, Obst und Milchprodukte, vor allem aber auch Getreide und Hülsenfrüchte so oft als möglich auf den Speisezettel zu setzen.
Gerichte aus Körnern und Hülsenfrüchten führen dem Körper die Ballaststoffe zu, die er für eine geregelte Verdauung braucht; sie versorgen ihn reichlich mit Vitaminen und Mineralstoffen, die für die Stoffwechselvorgänge notwendig sind. Und nicht zuletzt liefern sie ihm eben hochwertiges pflanzliches Eiweiß. Richtig miteinander kombiniert, sind pflanzliche Lebensmittel sogar noch wertvoller für den Körper als tierisches Protein.

Was unsere Nahrung enthält

Wer sich richtig ernähren will, muß Bescheid wissen über die Zusammensetzung unserer Nahrung. Beginnen wir mit dem Eiweiß, das sowohl in tierischen Produkten wie Fleisch, Fisch, Milch, Sahne, Eiern usw., als auch pflanzlichen Lebensmitteln wie Getreide und Hülsenfrüchten, in geringen Mengen auch in Kartoffeln und Gemüse vorhanden ist. Dieses Eiweiß, wissenschaftlich Protein genannt, sorgt für den Aufbau und die Erhaltung des Körpers, beispielsweise von Muskeln und Organen. Somit ist es der Grundbaustein des Organismus, den dieser ständig von neuem braucht: Eiweiß wird ja nicht nur bei körperlichen Tätigkeiten wie Gehen, Laufen oder Arbeiten abgebaut, sondern auch bei allen Funktionen, die ohne unser Wissen im Körper ablaufen. Deshalb müssen wir Protein mit der täglichen Nahrung auch wieder aufnehmen. Dieses Protein wird dann beim Verdauungsprozeß in seine einzelnen Bestandteile, die Aminosäuren, zerlegt.

Von den über zwanzig verschiedenen Aminosäuren kann der Körper die meisten selbst bilden. Nur acht dieser Eiweißbestandteile müssen ihm von außen, sprich: durch die Nahrung, zugeführt werden, weil er sie nicht selbst herstellen kann. Auf diese acht Aminosäuren ist unser Organismus unbedingt angewiesen, denn genau sie benötigt er zum Aufbau des körpereigenen Proteins. Da sie also lebensnotwendig sind, bezeichnet man sie als essentielle Aminosäuren. Fehlen sie über längere Zeit, treten Eiweißmangelerscheinungen auf.
Bei unseren reichlich — oft sogar überreichlich — gedeckten Tischen brauchen wir uns um die Zufuhr von essentiellen Aminosäuren jedoch keine Sorgen zu machen, denn wir nehmen sie ganz automatisch durch unsere gemischte Kost auf. Anders als in den Entwicklungsländern — wo Eiweißmangel sehr häufig auftritt — werden Mangelerscheinungen in den Industrienationen vor allem durch unzureichende Versorgung mit bestimmten Vitaminen, z.B. der B-Gruppe, oder Mineralstoffen, beispielsweise Jod, verursacht.
Für den Eiweißbedarf haben Ernährungswissenschaftler Richtwerte errechnet. Allerdings herrscht auch bei den Experten nicht unbedingt Einigkeit darüber, wieviel Eiweiß der Mensch täglich braucht. Halten wir uns an die Zahlen, die auf den neuesten Erkenntnissen beruhen: Ein Erwachsener braucht pro Tag etwa 0,8 Gramm Eiweiß pro Kilogramm seines Körpergewichtes. Ein 70 Kilogramm schwerer Mann sollte also mit der Nahrung etwa 56 Gramm Eiweiß pro Tag zu sich nehmen. Kinder, schwangere Frauen und alte Menschen benötigen mehr Eiweiß. Selbstverständlich brauchen Sie keine genauen Nährwertberechnungen anzustellen, um auf Ihr Eiweiß-Soll zu kommen. Halten Sie sich nur an folgende Faustregel: Zehn bis höchstens zwanzig Prozent der gesamten täglichen Energiezufuhr sollte aus Proteinen bestehen, wobei man diesen Bedarf am besten jeweils zur Hälfte mit tierischen und pflanzlichen Lebensmitteln deckt. Hier eine Übersicht über Lebensmittel, die den Körper mit reichlich Eiweiß versorgen:

Tierisches Eiweiß:
Fleisch, Fisch, Milch, Buttermilch, Joghurt, Quark, Käse, Eier.

Pflanzliches Eiweiß:
Buchweizen, Gerste, Grünkern, Hafer (Korn), Haferflocken, Mais, Reis, Roggen, Weizen, Bohnen, Erbsen, Kichererbsen, Linsen, Sojamilch, Tofu (Sojaquark), Mandeln, Mohn, Leinsamen, Haselnüsse, Walnüsse, Pinien, Pistazien, Sesamsamen, Sonnenblumenkerne, Grünkohl.

Bei der optimalen Eiweißzufuhr kommt es jedoch nicht nur auf den Proteingehalt der Lebensmittel, sondern auf die sogenannte biologische Wertigkeit des Eiweißes an. Hochwertiges Eiweiß kann der Organismus deshalb am besten verwerten, weil es in der Zusammensetzung seiner einzelnen Bausteine am meisten dem körpereigenen Eiweiß gleicht. Wenn der Körper es aufnimmt, arbeitet er damit gewissermaßen ohne unnötigen Verschleiß: Er muß sich — vereinfacht ausgedrückt — nicht erst aus der Fülle der Nahrung die Eiweißbausteine herauspicken, die er braucht, sondern bekommt auf einen Schlag die optimale Zusammensetzung. Damit ist auch klar, daß es nicht um das »Wieviel« an Eiweiß, sondern nur um die bestmögliche Kombination verschiedener Proteine geht.
Tierisches Eiweiß gleicht in seiner Zusammensetzung dem körpereigenen, ist deshalb hochwertig. Pflanzliches Eiweiß enthält weniger essentielle Aminosäuren, ist folglich nicht so hochwertig. Da Sie mit der Nahrung jedoch nicht nur Proteine einer Sorte (z.B. Getreide) aufnehmen, sondern eine gemischte Kost, die sich aus verschiedenen Proteinen, beispielsweise von Getreide, Milchprodukten und Gemüse, zusammensetzt, ergänzen sich die Eiweißbausteine. Manche Lebensmittel enthalten essentielle Aminosäuren in geringerer, manche in höherer Menge. Kombiniert man in einer Mahlzeit pflanzliches Eiweiß mit anderem (eventuell ebenfalls pflanzlichem) Eiweiß, so erhält man das hochwertige Eiweiß, das der Organismus braucht. Und nicht nur das: Pflanzliche Proteine, richtig miteinander kombiniert, sind biologisch ebenso hochwertig oder sogar hochwertiger als tierisches Eiweiß.

Biologisch hochwertige Eiweiß-Kombinationen:
Getreide/Brot + Hülsenfrüchte
+ Nüsse oder Samen

Hülsenfrüchte	+ Mais
	+ Getreide/Brot
	+ Nüsse oder Samen
	+ Milch oder Milchprodukte
	+ Eier
Kartoffeln	+ Milch oder Milchprodukte
	+ Eier

Wie Sie sehen, brauchen Sie für eine vollwertige Ernährung weder Fleisch noch Fisch. Allerdings sollten Sie auf tierisches Eiweiß nicht ganz verzichten, sondern es zumindest in Form von Milch, Milchprodukten oder Eiern verzehren. Sie finden in den Rezepten dieses Buches selbstverständlich auch eine ganze Reihe von Fleisch- und Fischgerichten, denn die rein vegetarische Ernährung verlangt eine sehr gründliche Kenntnis über die Zusammensetzung unserer Lebensmittel. Wer diese nicht besitzt, sollte sich von gemischter Kost ernähren, damit er dem Körper wirklich alle wesentlichen Nähr- und Aufbaustoffe zuführt.

Der zweite Grundbestandteil unserer Nahrung ist Fett als wichtiger Energiespender. Es liefert dem Organismus etwa doppelt soviel »Brennstoff« wie Protein und Kohlenhydrate. Deshalb macht zuviel Fett dick, denn der Körper scheidet den Überschuß nicht aus, sondern lagert ihn in Form von Fettgewebe an. Doch wir brauchen Fett nicht nur als Energiezufuhr, es ist auch verantwortlich für den Stoffwechsel im Körper. Außerdem kann der Organismus fettlösliche Vitamine wie A und E nur mit Hilfe von Fett verwerten.
Wie auch Eiweiß besteht Fett aus verschiedenen Bausteinen, dem Glycerin und den Fettsäuren. Fettsäuren sind chemische Verbindungen aus bestimmten Stoffen, die überdies Wasserstoffatome anlagern. Zur besseren Anschaulichkeit hier ein paar grundlegende Informationen:
In der Natur kommen bestimmte Stoffe vor, die chemischen Elemente, also z. B. Eisen, Kupfer oder Gold. Die meisten dieser Stoffe gehen mit anderen Elementen Verbindungen ein: Wasserstoff und Sauerstoff in einem bestimmten Verhältnis ergeben

Wasser. Unser Kochsalz besteht aus den beiden Elementen Natrium und Chlor. Chemische Verbindungen können auch mit einfachen Elementen und/oder anderen Verbindungen wiederum einen neuen Stoff bilden.

Bei Fettsäuren unterscheidet man bekanntlich die gesättigten, einfach ungesättigten und mehrfach ungesättigten Fettsäuren. Gesättigte Fettsäuren lagern so viele Wasserstoffatome an, wie sie aufnehmen können. Einfach ungesättigte Fettsäuren enthalten dagegen zwei Wasserstoffatome weniger, mehrfach ungesättigte noch weniger Wasserstoffatome.

Für die Ernährung ist wichtig, daß der Körper die gesättigten und einfach ungesättigten Fettsäuren selbst bilden kann, man muß sie ihm also nicht durch die Nahrung zuführen. Bei den mehrfach ungesättigten Fettsäuren aber gibt es eine, die essentielle Linolsäure, die der Organismus nicht selbst herstellen kann; diese muß er durch die Nahrung aufnehmen.

Nun brauchen Sie auch hier wiederum die mehrfach ungesättigten Fettsäuren, die es gibt, nicht nach der Linolsäure zu durchforsten. Es genügt, wenn Sie Pflanzenöle aus Sonnenblumenkernen, Mais- und Weizenkeimen, Distelöl, Leinöl, Sojaöl und Walnußöl auf Ihren Speisezettel setzen. Alle diese pflanzlichen Produkte enthalten reichlich mehrfach ungesättigte Fettsäuren und folglich auch Linolsäure. Außerdem liefern Nüsse und Samen die Fettsäuren, auf die es ankommt.

Doch Vorsicht: In letzter Zeit hat man festgestellt, daß dem Körper auch ein Zuviel an mehrfach ungesättigten Fettsäuren schaden kann. Deshalb sollten Sie tierische Fette (die gesättigte Fettsäuren enthalten) und pflanzliche Fette grundsätzlich kombinieren.

Wer mehr Fett ißt, als er braucht, wird — wie gesagt — unweigerlich dick. Denken Sie also daran, daß nur etwa 30 Prozent der täglichen Energiezufuhr auf Fett entfallen sollten und daß es bei der Berechnung nicht nur um reine Fette wie Butter oder Öl geht. Viel gefährlicher sind die versteckten Fette, die vor allem in Fleisch- und Wurstwaren, Fischdauerwaren wie z.B. Schillerlocken, Ölsardinen und geräuchertem Aal, sowie Backwaren und Feingebäck enthalten sind. Doch auch fettes Fleisch sollten Sie nicht zu häufig essen, ebenso wie Käse mit hohem

Fettgehalt oder auch Nüsse und Samen. Daß Knabberzeug wie Salzstangen und Kartoffelchips der Linie schadet, ist inzwischen allgemein bekannt.

Dritter wesentlicher Nahrungsbaustein sind Kohlenhydrate; sie bilden den Hauptbestandteil der pflanzlichen Lebensmittel und sind in tierischen Produkten nur spärlich vorhanden. Auch Kohlenhydrate werden in der Ernährungswissenschaft unterteilt und zwar nach drei Gruppen: erstens die schwer lösliche Stärke, zweitens der leicht lösliche Zucker und drittens die unverdauliche Zellulose, die man allgemein als Ballaststoffe bezeichnet.

Für eine gesunde Ernährung sind stärkehaltige Produkte wie Getreide, Hülsenfrüchte und Kartoffeln am besten geeignet, denn sie machen dem Körper bei der Verdauung am meisten Arbeit, sättigen deshalb auch nachhaltig: Schwer lösliche Stärke wird im Organismus nach und nach in Zucker umgewandelt, und dieser langsame Prozeß ruft dann das angenehme Gefühl der Sättigung hervor. Die Verdauung der Kohlenhydrate beginnt mit Hilfe des Speichels bereits im Mund. Bei Mahlzeiten mit Hülsenfrüchten und Getreide sollte man deshalb immer gut kauen. Gerade anfangs, wenn Sie Ihre Ernährung erst auf Vollwertkost umstellen, ist gründliches Kauen besonders notwendig, sonst könnte es zu Beschwerden kommen, weil Sie Ihrem Verdauungstrakt zuviel auf einmal zumuten.

Bei der zweiten Gruppe der Kohlenhydrate, dem leicht löslichen Zucker, tritt sofort ein Sättigungseffekt ein. Weil der Körper den Zucker jedoch verwerten kann, ohne ihn erst umwandeln zu müssen, hat er gewissermaßen keinerlei Arbeit mit der Verdauung. Man ist zwar rasch satt, spürt jedoch auch ebenso rasch wieder Heißhunger, denn der Blutzuckerspiegel sinkt so plötzlich ab, wie er vorher angestiegen ist.

Ein weiterer unerwünschter Effekt beim leicht löslichen Zucker: Generell entziehen Kohlenhydrate dem Körper Vitamin B_1. Nur: In Vollkornbrot oder allen anderen Vollkornprodukten wie auch in Hülsenfrüchten, ist dieses Vitamin so reichlich enthalten, so daß es bei der Verdauung gar nicht erst zum Vitaminverlust kommen kann.

Anders bei reinem Zucker: Als leerer Kalorienträger bringt er nicht nur keine Vitamine mehr mit, sondern entzieht sie dem Organismus auch noch. Mangel an Vitamin B_1 bewirkt außerdem, daß sich die Kohlenhydrate, die der Körper nicht abbaut, in Form von Fettgewebe anlagern. Zucker ist also nicht nur wertlos, sondern in den Mengen, in denen er von den meisten Menschen verzehrt wird, sogar schädlich. Am besten verwenden Sie Zucker nur als Gewürz wie Salz oder Pfeffer und stillen den Hunger nach Süßem mit Obst, Müsli oder auch mal einem Honigbrot. Übrigens ist auch brauner Zucker nicht »gesund«; er ist nur unraffiniert, d. h. nicht gereinigt. Und Honig ist aufgrund seiner Klebrigkeit noch schädlicher für die Zähne als Zucker und sollte deshalb nicht regelmäßig, sondern nur in kleinen Mengen verzehrt werden.
Experten sind sich darüber einig, daß der Genuß von Zucker eine reine Gewohnheit — manche sagen sogar: Sucht — ist. Das können Sie ganz leicht selbst feststellen, wenn Sie ein bißchen experimentieren: Nehmen Sie beim Backen mal nur zwei Drittel oder auch nur die Hälfte der angegebenen Zuckermenge. Probieren Sie Tee oder Kaffee ohne Zucker. Zuerst vermissen Sie den süßen Geschmack vielleicht, doch mit der Zeit gewöhnt sich Ihr Körper daran. Vor allem aber verfeinert sich Ihr Geschmacksempfinden wieder, denn in Speisen, die vorher einfach »süß« waren, entfalten sich nun die verschiedenen Aromen.
Auch Produkte aus dem gewöhnlichen weißen Haushaltmehl der Type 405, das sehr niedrig gemahlen ist, sollten Sie möglichst ganz von Ihrem Speisezettel streichen. Es gibt dem Körper zwar Kalorien, sprich: Energie, führt ihm jedoch nur wenige Vitamine, Mineral- und Ballaststoffe zu, weil vor dem Mahlen der Keimling und die Randschichten des Korns entfernt werden. Auch Feingebäck aus solchem Mehl wie Kuchen, Torten, Brötchen, Weißbrot oder Toast sollte man meiden, wenn man sich gesund ernähren will. Vollwertig essen heißt, die kohlenhydrathaltigen Lebensmittel bei der Zubereitung so wenig wie möglich verändern: also Naturreis, Pellkartoffeln statt Pommes frites, Brot und Gebäck aus hochausgemahlenen Mehlen oder noch besser Vollkornmehlen verzehren.

Kohlenhydrate sollten den Löwenanteil unserer Nahrung ausmachen: 50 bis 60 Prozent des gesamten täglichen Energiebedarfs.
Ballaststoffe, die unverdaulichen Bestandteile pflanzlicher Lebensmittel, kommen in den Zellwänden von Getreide, Hülsenfrüchten, Gemüse und Obst vor. Die etwas abwertende Bezeichnung stammt noch aus einer Zeit, als man die hundertprozentige Verdaulichkeit der Nahrung als das Beste ansah. Da man Ballaststoffe lange Zeit für vollkommen wertlos für den Organismus hielt, maß man ihnen auch keinerlei Bedeutung für die Ernährung bei.
Inzwischen hat die Ernährungswissenschaft nachgewiesen, daß Ballaststoffe eine wichtige Funktion für die Verdauung haben und chronische Verstopfung verhindern können. Man nimmt auch an, daß sie chronischen Darmleiden und sogar Dickdarmkrebs vorbeugen.
Ballaststoffe bewirken nämlich zweierlei: Da sie viel Flüssigkeit aufnehmen, vergrößern sie den Darminhalt, der auf diese Weise schneller transportiert und ausgeschieden wird. Außerdem binden sie Schad- und Fäulnisstoffe, die sich teilweise im Darm selbst bilden oder auch mit der Nahrung aufgenommen werden. Günstig auf die Darmfunktion wirken vor allem die Ballaststoffe von Getreide, Vollkornprodukten und Haferflocken. Bestimmte Ballaststoffe wie z. B. von Obst und Gemüse können sogar den Cholesterinspiegel im Blut senken.
Als nützlichen Nebeneffekt leisten Ballaststoffe auch noch einen Beitrag zur schlanken Linie: Indem sie im Verdauungstrakt aufquellen, rufen sie über einen längeren Zeitraum das Gefühl der Sättigung hervor.
Die Richtwerte für die notwendige Aufnahme von Ballaststoffen schwanken. Manche Experten halten etwa 20 Gramm täglich für ausreichend, andere empfehlen bis 40 Gramm. Jedenfalls sollte man so viele Ballaststoffe als möglich zu sich nehmen: Hier ist ein Mehr besser als ein Zuwenig. Doch keine Angst: Auch in diesem Punkt müssen Sie vor Ihren Mahlzeiten keine Berechnungen anstellen, was dem Laien ja ohnehin nicht möglich ist. Essen Sie einfach reichlich Vollkornprodukte, Hülsenfrüchte, Naturreis, Gemüse und Obst. Damit geben Sie Ihrem

Körper die Ballaststoffe, die er braucht. Und wenn die Verdauung trotzdem mal nicht funktioniert, helfen Sie eben mit ein bißchen Weizenkleie nach, die Sie über Ihr Frühstücksmüsli streuen.

Neben den Grundbausteinen wie Eiweiß, Fett und Kohlenhydraten enthält unsere Nahrung noch andere Bestandteile, die zwar keine Energie liefern, für den menschlichen Organismus jedoch lebenswichtig sind: Vitamine und Mineralstoffe. Häufig spricht man auch noch von Spurenelementen. Das ist im Grunde dasselbe wie Mineralstoffe und bezieht sich nur auf die Mengen, die der Körper braucht: Diese werden bei Mineralstoffen wie Natrium, Kalium, Phosphor, Magnesium, Eisen und Fluor in Milligramm (mg) gemessen, bei Spurenelementen wie Kalzium, Zink und Jod in Mikrogramm (μg) bis Milligramm.
Ebensowenig wie essentielle Aminosäuren und Linolsäure kann der Körper die Vitamine selbst bilden. Allerdings kann er die fettlöslichen Vitamine A, D, E und K über einen gewissen Zeitraum hinweg speichern, so daß man sie nicht ständig aufnehmen muß. Bei den wasserlöslichen Vitaminen — das sind der gesamte B-Komplex und das bekannte Vitamin C — ist das nicht möglich: Wenn sie nicht laufend mit der Nahrung zugeführt werden, zeigen sich schon sehr rasch Mangelerscheinungen.
Übrigens schadet dem Körper nicht nur eine unzureichende Vitaminzufuhr, sondern auch ein Zuviel: Vitamin A bewirkt dann z. B. Knochenveränderungen. Zu einer Überversorgung mit Vitaminen kann es jedoch bei der normalen, gemischten Kost nicht kommen. Auch die Unterversorgung mit Vitaminen ist ziemlich selten, wenn man sich abwechslungsreich mit Vollkorn und Milchprodukten, Hülsenfrüchten, Kartoffeln und Gemüse ernährt. Auf die Einnahme von Vitamintabletten kann man getrost verzichten.
Allerdings bekommen wir durch unsere verfeinerte Ernährung vielfach zu wenige Vitamine des B-Komplexes. Diese Vitamine sitzen nämlich z. B. in den Randschichten des Getreidekorns und im Silberhäutchen vom Reiskorn. Die Randschichten und das Silberhäutchen werden jedoch bei den weißen Auszugsmehlen bzw. beim polierten Reis entfernt. Deshalb ist es so

wichtig, Getreide und Reis wirklich oft in der naturbelassenen Form zu essen.
Lebensmittel mit fettlösenden Vitaminen müssen Sie immer zusammen mit etwas tierischem oder pflanzlichem Fett verzehren, damit der Körper die Vitamine auch verwerten kann. Tomaten sollten Sie also auf ein Butterbrot legen oder mit etwas Öl beträufeln, Möhrenrohkost mit Joghurt oder Crème fraîche servieren, Gemüse wie Grünkohl, Broccoli, Mangold, Spinat oder Porree mit einem Stich Butter verfeinern.

Für Mineralstoffe (Spurenelemente) gilt ähnliches wie für Vitamine: Der Körper kann sie nicht selbst bilden, benötigt sie jedoch für bestimmte Funktionen. So sind Magnesium und Zink für Stoffwechselvorgänge verantwortlich, Kalzium und Phosphor für Aufbau und Erhaltung von Knochen und Zähnen (Fluor wirkt vorbeugend gegen Karies), Eisen für die Blutbildung, Kalium und Natrium für die Regulierung des Wasserhaushaltes. Mit fast allen dieser Vitalstoffe sind wir im allgemeinen ausreichend versorgt. Ausnahmen bilden nur Eisen, Fluor und Jod, wobei hier die Mangelerscheinungen bestimmte Bevölkerungsgruppen betreffen: So leiden vor allem Frauen durch den Blutverlust bei Menstruation bzw. Geburt oft an Eisenmangel. In Regionen, in denen das Trinkwasser zu wenig Fluor enthält, tritt Karies häufig auf. Und besonders in Süddeutschland gibt es häufig Schilddrüsenstörungen (Kropfbildung), weil man dort weniger jodhaltige Lebensmittel, beispielsweise Seefisch, verzehrt, und auch Luft und Wasser einen geringeren Jodgehalt haben.

Hier eine Übersicht über Lebensmittel, die reichlich Eisen enthalten:
Buchweizen, Gerste, Grünkern, Haferflocken, Hirse, Roggen, Weizen, Weizenkeime, weiße Bohnen, gelbe Erbsen, Kichererbsen, Linsen, Sojabohnen, Cashew-Nüsse, Kokosraspeln, Mandeln, Haselnüsse, Pinien, Pistazien, Sesamsamen, Austern, Miesmuscheln, Ente, Hühnerleber, Kalbfleisch, Rindfleisch, Schweinefleisch, Lammfleisch, Eigelb, Fenchelkraut, Feldsalat, Löwenzahn, Brunnenkresse, Gartenkresse, Grünkohl, Mangold,

Petersilie, Sauerampfer, Schnittlauch, Spinat, Pfifferlinge, Trockenobst;

Lebensmittel, die reichlich Fluor enthalten:
Gerste, Hafer, Roggen, Sojabohnen, Walnüsse, Milch, Buttermilch, Emmentaler, Butter, Kabeljau, Lachs, Hühnerbrust, Rindfleisch, Ei, Spinat;

Lebensmittel, die reichlich Jod enthalten:
Milch, Seezunge, Flunder, Scholle, Kabeljau, Goldbarsch, Seelachs, Schellfisch, Brunnenkresse, Grünkohl.

Kochen mit Getreide und Hülsenfrüchten

Die Zubereitung von Körnern und Hülsenfrüchten ist nicht schwierig, kostet allerdings etwas Zeit: Getreide, ausgenommen Getreideflocken, die schon speziell behandelt sind, kann man nicht roh bzw. ungekeimt essen, weil es dann viel zu schwer verdaulich wäre. Auch Hülsenfrüchte — außer Linsen — müssen zuerst quellen und vor der endgültigen Fertigstellung noch kochen, damit sie weich werden. Zudem ist der Genuß von vielen rohen Hülsenfrüchten, auch frischen grünen Bohnen, gesundheitsschädlich. Die Gar- und Quellzeit richtet sich nach verschiedenen Faktoren: Härtegrad des Wassers, Alter und Qualität der Hülsenfrüchte. Als Faustregel gelten etwa zehn Stunden. Je härter das Wasser und je älter die Hülsenfrüchte, desto länger dauert die Vorbereitungszeit.

Getreidekörner kann man auf verschiedene Arten zum Verzehr vorbereiten:

1. Keimen lassen:
Gekeimtes Getreide kann man roh oder gegart essen. Es ist eine beliebte Beigabe zum Frühstücksmüsli. Sie können es jedoch auch für Salate verwenden oder als Gemüse zubereiten. Zum Keimen eignet sich jedes Getreide, auch Buchweizen. Sie müssen selbst ausprobieren, welches Ihnen am besten schmeckt, Getreidekeimlinge sind besonders wertvoll für die Ernährung, weil ihr Gehalt an Eiweiß, Vitaminen und Mineralstoffen noch höher ist als bei ungekeimten Körnern.
Zum Keimen besorgen Sie sich im Reformhaus oder Naturkostladen Sprießkorn, d. h. Getreide, das noch den sprießfähigen Keim enthält. Die Körner werden etwa sechs Stunden in kaltem

Wasser eingeweicht, dann in ein Keimgefäß gegeben. Das einfachste Gerät zum Keimen von Getreide ist ein großes Einmachglas, das zu höchstens einem Fünftel mit Getreidekörnern gefüllt wird. Das Glas mit einem leichten, luftdurchlässigen Stückchen Stoff abdecken, mit einem Gummiband verschließen und an einen hellen, nicht unbedingt sonnigen, warmen Platz stellen. Täglich einmal müssen die Körner mit Wasser befeuchtet werden. Bei dieser Methode sollte man sich mit der Sprossenzucht schon ein bißchen auskennen, denn die Wassermenge muß genau dosiert werden. Keimlinge dürfen nämlich nicht zu trocken sein — in diesem Fall tut sich gar nichts. Zuviel Feuchtigkeit bekommt ihnen auch nicht: Es bilden sich die gefährlichen Schimmelpilze oder die Keimlinge faulen.
Einfacher geht die Sprossenzucht mit speziellen Keimgeräten, die in Reformhäusern und Naturkostläden angeboten werden. Die Geräte bestehen aus übereinandergesetzten Keimschalen mit feinen Rillen und einer Auffangschale für das Wasser. Ein Siphonsystem sorgt dafür, daß das Wasser durch alle Keimschalen läuft und die Samen gleichmäßig befeuchtet. Außerdem liegen die Körner nicht im Wasser, sondern auf den Rillen. Dazwischen sammelt sich gerade so viel Feuchtigkeit, daß die Samen keimen, ohne dabei zu schimmeln. Getreidekeimlinge haben nach etwa drei Tagen ihren höchsten Nährwert erreicht und sollten dann gegessen werden.

2. Schroten oder Mahlen:
Auch Getreideschrot schmeckt als Müsli. Kleinere Mengen können Sie sehr gut in einer Kaffeemühle herstellen, die jedoch dann ausschließlich für Schrot verwendet werden sollte. Der Schrot wird mit so viel Wasser bedeckt, daß ein dickflüssiger Brei entsteht. Den Brei zugedeckt über Nacht im Kühlschrank quellen lassen. Keinesfalls sollte der Brei bei Zimmertemperatur stehen, denn dann könnten sich Schimmelpilze bilden.
Den gequollenen Schrot dann am nächsten Morgen je nach Wunsch mit kleingeschnittenem Obst, Rosinen, Nüssen, Joghurt oder Sahne anrichten. Für herzhafte Gerichte wie z. B. Grünkernpflänzchen, wird der Schrot mit Wasser gekocht und nach dem Quellen mit den anderen Zutaten vermischt.

Getreide verliert nach dem Mahlen oder Schroten einen Teil seiner wertvollen Inhaltsstoffe. Je länger es unverarbeitet bleibt, desto höher ist der Wertstoffverlust. Deshalb sollten Sie grundsätzlich frisch zerkleinertes Getreide verwenden. Viele Reformhäuser und Naturkostläden bieten das Schroten oder Mahlen von Getreide als zusätzliche Serviceleistung an. Es ist jedoch sicher etwas zeitraubend und umständlich, die Mengen, die Sie für ein Rezept brauchen, immer eigens zu besorgen. Wenn Sie also häufig mit Getreide kochen, sollten Sie es selbst zerkleinern. Dazu reicht für den Anfang eine kleine, handbetriebene Getreidemühle. Für größere Mengen, etwa zum Brotbacken, brauchen Sie eine elektrische Mühle. Auf das Mahlwerk — ob aus Naturstein, gegossenen Mahlsteinen oder Stahlkegel — kommt es erst in zweiter Linie an. Wichtig ist vor allem die Mahlleistung, die je nach Mühle zwischen 30 und 120 g Getreide liegt.
Getreide und Buchweizen können Sie mit allen Geräten zerkleinern. Für Hülsenfrüchte und Ölsaaten brauchen Sie eine speziell ausgerüstete Mühle, eventuell ein Zusatzteil. Inzwischen gibt es Kombigeräte, die sich je nach Bedarf als Fleischwolf, Gemüseraffel (praktisch für Rohkost), Fruchtpresse oder eben Getreidemühle ausrüsten lassen. Verschiedene Hersteller bieten auch Küchenmaschinen mit entsprechendem Zusatz zum Mahlen oder Schroten von Getreide an.

3. Kochen

Gekochtes Getreide schmeckt als Suppeneinlage, Eintopf, Backofengericht und vieles andere mehr. Oft wird empfohlen, das Getreide vor dem Kochen quellen zu lassen. Das ist jedoch nicht notwendig. Es genügt, wenn Sie die Getreidekörner mit etwa der doppelten Menge Wasser zum Kochen bringen, zugedeckt garen und anschließend auf der abgeschalteten Kochstelle quellen lassen. Erst nach dieser Vorbereitungszeit kann das Getreide so weiterverarbeitet werden, wie im jeweiligen Rezept angegeben. Sie können Getreide selbstverständlich auf Vorrat kochen und quellen lassen. Fest verschlossen, hält es sich im Kühlschrank etwa drei Tage.

Gar- und Quellzeiten für Getreide:
Weizen: jeweils 1 Stunde;
Roggen: Garzeit 1½ Stunden, Quellzeit 1 Stunde;
Gerste: wie Weizen;
Grünkern: Garzeit 30 Minuten, Quellzeit 1 Stunde;
Hirse: Garzeit 40 Minuten, Quellzeit 10 Minuten;
Graupen: Garzeit 40 Minuten, keine Quellzeit;
Hafer: wie Weizen;
Naturreis: Garzeit 45 Minuten, Quellzeit 15 Minuten;
Buchweizen: Garzeit 5 Minuten, Quellzeit 15 Minuten.

Hülsenfrüchte können Sie ebenso wie Getreide keimen lassen. Vor allem Sojabohnen, die es bereits gekeimt zu kaufen gibt, eignen sich sehr gut als Salat- oder Gemüsebeilage. Beachten Sie jedoch bitte, daß gekeimte Hülsenfrüchte immer gegart werden müssen. Sie schmecken in Butter oder Öl gedünstet oder — wenn Sie einen Salat damit anrichten wollen — in sprudelnd kochendem Wasser blanchiert.
Meist werden Hülsenfrüchte jedoch vorgeweicht, d. h. mit kaltem Wasser bedeckt und über Nacht zugedeckt stehengelassen. Dann bringt man sie mit dem Einweichwasser zum Kochen und gart sie bei schwacher Hitze fertig. Das Kochwasser nicht salzen, sonst werden die Hülsenfrüchte nicht weich. Erst nach dem Quellen und Vorgaren können Sie das Gericht fertigstellen, wie es im jeweiligen Rezept beschrieben ist.
Eine Ausnahme bilden — wie gesagt — Linsen. Sie müssen nicht quellen und haben eine kürzere Garzeit als getrocknete Bohnen oder Erbsen.

Garzeiten von vorgeweichten Hülsenfrüchten:
Ackerbohnen: 2 Stunden;
Adzukibohnen: 1½ Stunden;
Borlottibohnen: 2 Stunden;
Cannellibohnen: 2 Stunden;
Dicke Bohnen, getrocknet: 2½ Stunden;
Erbsen, geschält: 1½ Stunden (ohne Vorweichen);
Erbsen, ungeschält: 2 Stunden;
Flageoletbohnen: 1½ Stunden;

Kichererbsen: 2 Stunden;
Kidneybohnen (rote Bohnen): 2 Stunden;
Limabohnen: 2½ Stunden;
Linsen, braun: 1 Stunde (ohne Vorweichen);
Linsen, rot: 30 Minuten (ohne Vorweichen);
Linsen, schwarz (Puy-Linsen): 40 Minuten (ohne Vorweichen);
Mungobohnen: eignen sich nur zum Keimen;
Schwarze Bohnen: 2 Stunden;
Weiße Bohnen: 2 Stunden;
Wachtelbohnen (Pintobohnen): 2 Stunden;
Gelbe Sojabohnen: eignen sich am besten für Tofuherstellung.

Das Eiweiß von gelben Sojabohnen kann der Organismus in gegarter Form nur teilweise verwerten. Deshalb sollten Sie diese Bohnen in der Küche zur *Tofuherstellung* verwenden:
300 g gelbe Sojabohnen mit 0,8 l kochendheißem Wasser übergießen und zugedeckt 3—4 Stunden stehenlassen. Bohnen abgießen, im Mixer pürieren und in 2 l kochendes Wasser einrühren. Alles bei mittlerer Hitze unter ständigem Rühren etwa 15 Minuten kochen, dann durch ein mit einem Tuch ausgelegtes Sieb gießen. Die Flüssigkeit (Sojamilch) auffangen, die festen Rückstände gut ausdrücken. 2—3 EL Zitronensaft oder Essig in die heiße Sojamilch rühren und etwa zehn Minuten stehenlassen, bis sich die Molke von der festen Masse trennt. Die Molke abschütten, die feste Masse pressen, bis sie schnittfähig ist. Zum Pressen gibt es in Reformhäusern und Naturkostläden spezielle Tofupressen. Sie können den Tofu jedoch auch wieder in das Sieb (ausgelegt mit einem sauberen Tuch) geben, mit einem Holzbrett bedecken und beschweren. Er wird dann allerdings nicht so fest, daß er sich schneiden läßt. Dieser weiche Tofu eignet sich für Dips, Brotaufstriche oder auch »Teige« aus Tofu, wie man sie für Frikadellen oder Klopse braucht.

Kleine Warenkunde

Wenn Sie sich mit den verschiedenen Arten von Getreide und Hülsenfrüchten noch nicht so auskennen oder zusätzliche Informationen suchen, finden Sie hier alles Wissenswerte alphabetisch zusammengestellt. Außerdem habe ich in diese kleine Warenkunde auch Produkte aufgenommen, die hauptsächlich in der Naturküche verwendet werden und den Neulingen auf diesem Gebiet vielleicht nicht vertraut sind.

Ackerbohnen: auch Feldbohnen genannt, sind braune Samen von Bohnen.

Ahornsirup: natürliches Süßmittel, das man durch Anzapfen wildwachsender Ahornbäume gewinnt. Der Sirup wird wie Zucker oder Honig verwendet und schmeckt an Müsli, Desserts, Teigen und Getränken.

Auszugsmehl: das im Haushalt meist verwendete Weizenmehl der Type 405 sowie alle anderen niedrig ausgemahlenen Mehle. Diese Mehle enthalten nur noch wenige Ballast- und Nährstoffe, weil vor dem Vermahlen die Randschichten und der Keimling der Getreidekörner entfernt werden. Feingebäck, Weißbrot und Brötchen werden mit Auszugsmehl gebacken.

Azukibohnen: rote Sojabohnen mit kleinen Samen und leichter verdaulich als andere Hülsenfrüchte.

Bohnen: Hülsenfrüchte, von denen man entweder die Schoten oder die Samen verzehrt. Frische grüne Bohnen kommen etwa ab Mai auf den Markt. Die verschiedenen Sorten erkennen Sie an den Schoten: Die breiten, flachen Stangenbohnen mit ziemlich grobem Fleisch müssen vor dem Garen zerkleinert werden. Buschbohnen mit runden bis ovalen Schalen schmecken auch unzerteilt als Gemüse oder Salat. Gelbe Wachsbohnen eignen sich am besten für Salate. Prinzeß- oder Filetbohnen, auch »Haricot verts« genannt, haben ganz dünne, zarte Schoten und sind eine delikate Gemüsebeilage. Je nach Saison gibt es auch Bohnensamen frisch zu kaufen. Meist verwendet man aber die getrockneten Samen, die das ganze Jahr über angeboten werden; Sie können wählen zwischen roten, weißen, schwarzen und braunen Bohnen. Getrocknete Bohnensamen müssen grundsätzlich vorgeweicht werden — am besten über Nacht — und haben dann eine Garzeit von 2 bis 2½ Stunden. Bei allen Bohnen, ob frisch oder getrocknet, ist ausreichendes Garen notwendig, denn erst dadurch wird das Phasin, ein natürliches Gift, unschädlich gemacht.

Borlottibohnen: rotbraune, wie Wachtelbohnen gesprenkelte Bohnensamen.

Brot: wird je nach Getreidesorte und Ausmahlungsgrad unterteilt in Weizen- und Roggenmischbrot, Weißbrot und Vollkornbrot. Die Bezeichnung »Vollkornbrot« bedeutet nicht unbedingt, daß dieses Brot mit ganzen Getreidekörnern gebacken wird. Es heißt nur, daß es noch alle Bestandteile des ganzen Kornes enthält.

Buchweizen: ein Knöterichgewächs mit dreieckigen Früchten, ähnlich Bucheckern, das man in der Küche wie Getreide verwendet. Zum Backen allerdings eignet sich Buchweizen nicht, weil er fast kein Klebereiweiß enthält. Im Lebensmittelhandel gibt es Buchweizen in ganzen Körnern, geschrotet oder schon gemahlen zu kaufen. Außerdem wird er auch geröstet als »Kasha« angeboten.

Bulgur: heißt auch Bulghur oder Burghul und wird vor allem im Nahen und Mittleren Osten häufig verzehrt. Es wird aus vorgeweichtem, gekochtem und anschließend getrocknetem Weizen hergestellt.

Cannellibohnen: ovale, weiße Bohnensamen.

Cousous: grob vermahlener Hartweizengrieß.

Dicke Bohnen: heißen auch Pferde- oder Saubohnen. Es sind große, flache Bohnensamen, die Sie frisch, getrocknet oder tiefgefroren kaufen können.

Dinkel: naher Verwandter des Weizens mit feinem nußartigen Geschmack. Da er reichlich Klebereiweiß enthält, eignet er sich neben allen anderen Getreidezubereitungsarten auch zum Backen. Aus den halbreifen Körnern des Dinkels stellt man Grünkern her.

Erbsen: Hülsenfrüchte, die frisch, tiefgekühlt, in Konserven oder getrocknet angeboten werden. Frische grüne Erbsen sind ziemlich teuer. Außerdem gibt es auch noch eine besondere Züchtung, die sogenannten Zuckerschoten. Es sind zarte, fleischige Schoten, die man in Butter gedünstet als Gemüsebeilage oder kurz in Brühe gegart als Suppeneinlage serviert. Getrocknete grüne oder gelbe Erbsen gibt es geschält und ungeschält.

Flageoletbohnen: heißen auch Fisolen und sind längliche, hellgrüne Bohnensamen, die sich als Salat oder Gemüsebeilage besonders gut eignen.

Gerste: Getreide, das zu den ältesten Kulturpflanzen gehört. Enthält weniger Eiweiß als Weizen und kaum Klebereiweiß. Deshalb eignet sich Gerste auch nicht zum Backen. Am besten schmeckt sie als Bestandteil des Frischkornmüslis oder als Suppeneinlage.

Getreide: aus den Wildformen der Gräser kultiviertes Lebensmittel, das fast alles enthält, was der menschliche Organismus braucht: Im Keim sitzen Vitamine, Mineralstoffe, Fett und hochwertiges Eiweiß. Die Randschichten des Korns liefern neben Mineralstoffen auch reichlich Ballaststoffe, die die Verdauung anregen. Der Mehlkörper besteht vorwiegend aus Stärke, enthält aber auch Klebereiweiß, das zum Backen wichtig ist. Jahrtausendelang bildete Getreide die Grundlage der menschlichen Ernährung. Auch heute wird es noch vom größten Teil der Weltbevölkerung als Hauptlebensmittel verzehrt. Bei uns bereitet man Getreide inzwischen meist nicht mehr als Brei oder gegart als Hauptmahlzeit zu, sondern verzehrt es hauptsächlich in bereits verarbeiteter Form als Brot. In der Naturküche wird Getreide auf vielerlei Art verwendet: in Müsli, als Suppeneinlage, gekocht, geschmort und gratiniert. Getreide verliert beim Zerkleinern durch den Luftsauerstoff sofort einen Teil seiner wertvollen Inhaltsstoffe. Deshalb muß man es frisch mahlen oder schroten und dann möglichst rasch verarbeiten.

Getreideflocken: kann man im Gegensatz zu Getreideschrot roh essen; auch Einweichen ist nicht notwendig. Sie schmecken im Müsli, als Brei, im Brot und anderem Gebäck.

Getreideschrot: Mahlprodukt aus dem ganzen Getreidekorn. Roher Getreideschrot, wie man ihn für das Müsli verwendet, muß vor dem Verzehr einige Stunden, am besten über Nacht, eingeweicht werden, sonst ist er schwer verdaulich.

Gomasio: ungeschälte Sesamsamen, vermischt mit Meersalz, die man als Würze für Gemüse- und Getreidegerichte verwendet. Durch den hohen Fettgehalt sind sie nur begrenzt haltbar.

Graupen: heißen auch Perl- oder Rollgerste. Es sind Gerstenkörner, die durch Schleifen und Polieren abgerundet werden. Sie enthalten weniger Nähr- und Ballaststoffe als das ganze Korn.

Grieß: wird aus Hart- oder Weichweizen hergestellt. Inzwischen gibt es Vollkorngrieß nicht nur in Reformhäusern und Naturkostläden, sondern auch in gut sortierten Supermärkten zu kaufen.

Grünkern: wird aus Dinkel gewonnen. Die halbreif geernteten, noch grünen Körner des Dinkels werden mit Heißluft getrocknet (gedarrt). Sie bekommen so ein kräftiges Aroma und sind leichter verdaulich. Grünkern enthält viel hochwertiges pflanzliches Eiweiß, Kalzium, Phosphor und Eisen.

Grütze: grob bis fein geschrotetes Getreide, das schneller gart als die ganzen Körner.

Hafer: bis ins 18. Jahrhundert wichtiger Bestandteil der Ernährung. Dann ersetzte man den Frühstücksbrei durch Brot, und Kartoffeln wurden zum Vollnahrungsmittel. Hafer verschwand allmählich vom Speisezettel und galt fortan als Kranken- und Kinderkost. Er enthält mehr hochwertiges Eiweiß als alle anderen Getreidearten, reichlich essentielle Fettsäuren, Vitamine und Mineralstoffe. Die ganzen Körner verarbeitet man ebenso wie anderes Getreide. Aufgrund seines geringen Anteils an Klebereiweiß eignet er sich jedoch nicht zum Backen.

Hirse: von allen Getreidearten die mit den kleinsten und härtesten Körnern. Zum Garen braucht sie jedoch nur kurze Zeit, und Quellen ist nicht notwendig. Wie der Hafer spielte sie früher in der Ernährung eine wichtige Rolle. Mit der Verfeinerung unserer Eßgewohnheiten verschwand sie dann vom Speisezettel. Dabei ist sie leichtverdaulich, reich an Vitaminen und Mineralstoffen, gut für Zähne und Haut. Außer den ganzen Körnern gibt es Hirse auch als Flocken zu kaufen.

Hülsenfrüchte: Sammelbezeichnung der Samen von Hülsenfrüchtlern (Leguminosen) wie Erbsen, Bohnen, Linsen; reich an Kohlenhydraten, Ballaststoffen und pflanzlichem Eiweiß. Besonders wertvoll für die Ernährung sind Hülsenfruchtgerichte, wenn man sie mit Getreideprodukten (Nudeln, Reis, Brot oder Mais) kombiniert.

Ingwer: knollige Wurzel einer südostasiatischen Pflanze, die es auch bei uns frisch, getrocknet, eingelegt, kandiert oder gemahlen zu kaufen gibt. Am besten schmeckt natürlich die frische Ingwerwurzel, die man wie eine Kartoffel schält und im Ganzen oder in Scheibchen geschnitten mitgart und vor dem Servieren wieder entfernt. Den würzig-scharfen Ingwer sollten Sie vorsichtig dosieren.

Kichererbsen: Hülsenfrüchte mit gelben bis rötlichen, unregelmäßig geformten Samen.

Kidneybohnen: heißen auch rote Bohnen und sind vor allem in den USA als »Baked Beans« beliebt.

Leinsamen: heißen auch Leinsaat. Diese kleinen braunen Samen der Flachspflanze (Lein) zählen zu den Ölsaaten. Sie wirken positiv auf die Verdauung. Aufgrund ihres hohen Fettgehalts sind sie nur begrenzt haltbar.

Limabohnen: weiße, flache, ziemlich große Bohnensamen, eignen sich gut für Salate.

Kürbiskerne: Samen der Kürbispflanze, zählen zu den Ölsaaten und enthalten reichlich Eiweiß, mehrfach ungesättigte Fettsäuren, Vitamine der B-Gruppe, Vitamin E und Mineralstoffe. Kürbiskerne gibt es geschält oder ungeschält und gesalzen.

Linsen: Hülsenfrüchte mit grünlich-braunen, roten oder schwarzen Samen, reich an pflanzlichen Eiweiß, Vitaminen der B-Gruppe, Eisen, Kalium und Phosphor. Meist werden bei uns die grünbraunen Linsen verwendet. Die roten und schwarzen Linsen (Puy-Linsen) sind jedoch viel aromatischer und haben eine kürzere Garzeit.

Mais: Getreide, das weniger Eiweiß als die anderen Getreidearten enthält (ausgenommen Reis, dessen Eiweißgehalt noch geringer ist). Frische Zuckermaiskolben werden unreif geerntet und kommen von August bis in den Spätherbst auf den Markt. Maiskörner gibt es konserviert in Dosen.

Maisgrieß: mehr oder weniger grob vermahlener Mais, den man ebenso wie Weizengrieß zubereitet. Beliebt vor allem in Italien ist die Polenta, dick eingekochter Maisgrieß, der nach dem Erkalten in Scheiben geschnitten und gebraten wird.

Mehltypen: jahrtausendelang wurden ganze Getreidekörner zu Vollkornmehlen vermahlen. Inzwischen ist es durch moderne Mahltechniken möglich, Auszugsmehle herzustellen, die fast keine Nähr- und Ballaststoffe enthalten, weil vor dem Mahlen der vitaminreiche Keimling und die Randschichten des Getreidekorns entfernt werden. Vollkornmehl dagegen hat noch alle diese Bestandteile, also Keimling, Randschichten mit der unverdaulichen Kleie sowie den Mehlkörper mit dem sogenannten Klebereiweiß und der Stärke. Das Klebereiweiß sorgt dafür, daß Gebäck, Struktur, d. h. eine lockere, feinporige und elastische Krume bekommt. Außer dem reinen Vollkornmehl mit einem Ausmahlungsgrad von 100 Prozent gibt es noch Mehle mit anderen Ausmahlungsgraden, die mit Zahlen, den sogenannten Typen, gekennzeichnet werden. Je höher die Zahl und damit auch die Mehltype, desto höher ist auch der Ausmahlungsgrad des Mehles, wobei Weizenmehl und Roggenmehl immer verschiedene Typenbezeichnungen tragen. Hochausgemahlenes Mehl ist wertvoller als niedrig ausgemahlenes, weil es mehr Bestandteile des ganzen Kornes enthält. Ob Sie Vollkornmehl wählen oder ein niedriger ausgemahlenes Mehl hängt davon ab, was Sie damit machen wollen: Beim Binden von Suppen oder Saucen spielt der Kleieanteil keine Rolle, so daß Sie ohne

Müsli (Rezept S. 38 ff.) ▷

weiteres Vollkornmehl nehmen können. Für Teige, die geschmeidig sein müssen, wie z. B. Strudelteig, eignet sich Weizenmehl bis zur Type 1050. Bei Vollkornmehl bewirkt der hohe Kleieanteil nämlich, daß der Teig beim Ausziehen reißt. Am Geschmack ändert das zwar nichts; der Strudel sieht jedoch nicht so schön aus.

Mungobohnen: die kleinen, sattgrünen Samen einer speziellen Sojabohnenart, die man vor allem gekeimt als Sojasprossen verwendet. Sie schmecken an Salaten, Suppen, Chinagerichten und als Gemüsebeilage. Wie alle Bohnen, müssen sie immer mindestens 2 Minuten blanchiert werden, damit die darin enthaltenen natürlichen Giftstoffe unschädlich gemacht werden.

Pinienkerne: Samen der südeuropäischen Pinie, schmecken an Salaten, kalten Saucen oder auch Desserts. Sie sind sehr ölhaltig und werden deshalb leicht ranzig. Man sollte sie also nur in ganz kleinen Mengen kaufen.

Pistazien: aromatische Samen des Pistazienbaumes, der besonders im südöstlichen Mittelmeerraum wächst. Sie kommen geschält und gesalzen oder ungesalzen in den Handel. Pistazien eignen sich für herzhafte und süße Gerichte.

Reis: ist neben Weizen und Mais die wichtigste Getreideart, von der sich etwa die Hälfte der Weltbevölkerung ernährt. Für Reis gilt ähnliches wie für Getreide: An sich ist es ein wertvolles Lebensmittel, das jedoch durch industrielle Verarbeitung den größten Teil seiner wertvollen Inhaltsstoffe wie Vitamine und Ballaststoffe einbüßt. Grundsätzlich muß Reis zunächst von den Spelzen befreit, also geschält werden (die Bezeichnung »ungeschälter Reis«, die man immer wieder liest, ist nicht korrekt). Durch das Schälen erhält man das Reiskorn mit brauner Samenschale und Keim, das jahrhundertelang verzehrt worden ist und das man heute wieder als »Naturreis« kaufen kann. Im letzten Jahrhundert fand man dann heraus, daß sich aus dem ursprünglich bräunlichgrauen Reiskorn ein weißes Korn machen läßt, wenn das Silberhäutchen (Samenschale) und der Keim abgeschliffen werden. In diesem Häutchen und im Keim sitzen jedoch die wertvollen Vitalstoffe wie auch die eiweiß- und fettreiche Aleuronschicht. Etwas besser steht es um den

◁ *Sesampflänzchen auf Pilzen (Rezept S. 52)*

»Parboiled Reis«: ihm wird durch ein spezielles Verfahren ein Teil der Vitamine gewissermaßen wieder »eingeschmolzen«. Doch enthält auch Parboiled Reis so gut wie keine Ballaststoffe. Wie vom weißen Reis gibt es vom Naturreis auch unterschiedliche Sorten mit langen oder runden Körnern. Langkornreis bleibt beim Garen ziemlich körnig, eignet sich also als Beilage und für Reisgerichte wie Pilaw oder Paella. Rundkornreis wird leicht klebrig. Man verwendet ihn vor allem für Risotto und Süßspeisen. Naturreis enthält noch alle wertvollen Bestandteile des ganzen Reiskorns, einschließlich der wichtigen Ballaststoffe. Aufgrund des höheren Fettgehalts ist Naturreis nicht so lange haltbar, wie der weiße Reis. Sie sollten ihn deshalb nur in kleinen Mengen kaufen.

Roggen: nach Weizen das wichtigste Brotgetreide, das hochwertigeres Eiweiß als Weizen enthält. Das dunkle Roggenmehl besitzt einen ausgeprägten Eigengeschmack. Für Roggenbrote genügt Hefe als Treibmittel nicht, man muß (zusätzlich) Sauerteig verwenden, den es im Reformhaus oder Naturkostladen zu kaufen gibt. In der Küche bereitet man Roggen wie anderes Getreide zu. Roggenbrote haben den Vorteil, daß sie länger frisch bleiben als Weizenbrote.

Sanoghurt: Spezialjoghurt mit hohem Anteil an rechtsdrehender L(+)-Milchsäure. Milchsäure ist in allen Sauermilchprodukten (daneben auch in milchsauer eingelegtem Gemüse wie z. B. Sauerkraut) enthalten und wird von Bakterien aus Milchzucker gebildet. Diese Bakterien sind stets ein Gemisch aus zwei verschiedenen Milchsäuren, der rechtsdrehenden L(+)- und der linksdrehenden D(-)-Milchsäure. L(+)-Milchsäure wird vom Stoffwechsel rascher umgesetzt und vollkommen verwertet. D(-)-Milchsäure kann vom Körper nur begrenzt abgebaut werden. Achten Sie deshalb immer auf den entsprechenden Packungsvermerk, wenn Sie Sauermilchprodukte kaufen. Inzwischen sind außer Sanoghurt auch andere Joghurts mit L(+)-Milchsäure im Handel.

Sesamsamen: stark ölhaltige Samen des Sesamkrautes, die Sie geschält und ungeschält kaufen können. Rösten ohne Fett macht sie noch aromatischer. Sesamsamen schmecken an Salaten, in Gebäck und Süßspeisen. Aufgrund ihres hohen Fettge-

haltes sind sie nur begrenzt haltbar. Wichtigste Produkte aus Sesam sind Sesamöl, Tahin und Gomasio.
Shoyu: Sojasauce, die neben Sojabohnen auch Weizen und Meersalz enthält.
Sojabohnenkeimlinge: siehe »Sojasprossen«.
Sojafleisch: bekannt auch unter der Bezeichnung TVP für »Textured Vegetable Protein«. Enthält je nach Hersteller zwischen 50 und 70 Prozent pflanzliches Eiweiß und wurde lange Zeit als schmackhafter und gesunder Fleischersatz angesehen. Seit sich jedoch herausgestellt hat, daß beim intensiven Anbau des Grundproduktes, der Sojabohne, Pestizide (Pflanzenschutzmittel) und Mineraldünger eingesetzt werden, ist TVP ziemlich in Verruf geraten. Außerdem werden TVP Farb- und Aromastoffe zugesetzt, und die Produktion des Sojafleisches ist hochtechnisiert, so daß man nicht mehr von einem natürlichen Lebensmittel sprechen kann. Sie werden es deshalb in den Rezepten dieses Buches nicht finden.
Sojamehl: gibt es vollfett und entfettet. Das vollfette eignet sich zum Backen und für Mehlspeisen. Das entfettete — bei dessen Herstellung ein bißchen Chemie mitspielt — wird Frühstücksflocken, Kindernahrung, Brot und Süßigkeiten zugesetzt.
Sojamilch: gibt es unter der Bezeichnung »Sojadrink« im Reformhaus und Naturkostladen. Sojamilch wird aus gelben Sojabohnen hergestellt und ist ein rein pflanzliches Produkt, reich an wertvollem Eiweiß.
Sojaquark: siehe »Tofu«.
Sojasauce: asiatische Würzsauce auf der Basis von Sojabohnen. Die japanische und chinesische Sojasauce schmeckt salzig, die indonesische süßlich. Siehe auch die Stichwörter »Shoyu« und »Tamari«.
Sojasprossen: Keime der Mungobohne, die es frisch und in Dosen gibt. Sojasprossen als Salat oder Gemüse. Da sie wie alle Bohnensamen eine Substanz enthalten, die ungünstig auf den Eiweißstoffwechsel wirkt, müssen sie grundsätzlich mindestens zwei Minuten blanchiert werden.
Sprießkorn: Getreide, das noch den sprießfähigen Keim enthält. Sie brauchen es für Frischkornbrei und Müsli, aber auch, wenn Sie Getreide keimen lassen wollen.

Tahin: joule- bzw. kalorienreiches Sesammus, das sich als Brotaufstrich, Bestandteil von Dressings und Beigabe fürs Müsli eignet. Wenn das Sesammus mit säurehaltigen Produkten wie Essig oder Zitronensaft in Berührung kommt, klumpt es zusammen und läßt sich nicht mehr glattrühren. Dressings und Saucen mit Tahin müssen deshalb mit Flüssigkeit wie Wasser oder Sahne verrührt werden, bevor Säure beigegeben wird.

Tamari: dickflüssige, würzige Sojasauce, die aus Sojabohnen und Meersalz besteht.

Tofu: Sojabohnenquark, der in Asien seit Jahrhunderten zu den Grundlebensmitteln zählt und bei uns durch den Trend zu naturgemäßer Ernährung bekannt geworden ist. Tofu ist reich an hochwertigem pflanzlichen Eiweiß, leicht verdaulich, joule- bzw. kalorienarm, enthält wenige Kohlenhydrate und ist so vielseitig zu verwenden wie kaum ein anderes Lebensmittel.

Zur Tofugewinnung verwendet man Sojamilch aus gelben Sojabohnen, die dann mit Säure wie Essig oder Zitronensaft bzw. einem Salz namens Nigari versetzt wird. Die festen Bestandteile klumpen sich zusammen — ähnlich wie bei der Quarkherstellung — und werden gepreßt, bis die Flüssigkeit zum größten Teil ausgetreten und eine feste, schnittfähige Masse entstanden ist. Je nach Dauer des Pressens bleibt mehr oder weniger Flüssigkeit in der Sojamasse zurück. Man unterscheidet deshalb weichen, normalen und festen Tofu. Der weiche eignet sich für Dressings, Suppen, Saucen, als Füllung für Cannelloni oder Brotaufstrich, der normale und feste zum Braten oder Schmoren. Festen Tofu können Sie ebenso wie Fleisch zubereiten: Er läßt sich panieren und wie ein Schnitzel braten, fritieren, grillen oder gewürfelt als Ragout schmoren. Außerdem können Sie in Reformhäusern und Naturkostläden mit Kräutern oder Sojasauce angereicherten Tofu kaufen sowie geräucherten, der kräftiger als der normale Tofu schmeckt. Tofu läßt sich einfrieren und verändert seine Konsistenz dabei nicht. Wenn Sie ihn nicht aufbrauchen, können Sie ihn aber auch in ein verschließbares Gefäß legen, mit Wasser bedecken und so im Kühlschrank etwa eine Woche aufbewahren. Das Wasser muß einige Male gewechselt werden.

Da Tofu kaum Eigengeschmack besitzt, sollten Sie ihn vor der

Zubereitung immer in Sojasauce, gewürztem Öl oder anderen Marinaden ziehen lassen.

Vollkornprodukte: Lebensmittel, die alle Bestandteile des ganzen Getreidekorns, jedoch nicht unbedingt unvermahlene Körner enthalten.

Wachtelbohnen: heißen auch Pintobohnen und sind bräunlich gesprenkelte Bohnensamen.

Weizen: wichtigstes Brotgetreide, das sich mit seinem hohen Anteil an Klebereiweiß hervorragend zum Backen eignet. Außerdem kann man Weizen wie jedes andere Getreide zubereiten oder die ganzen Körner keimen lassen.

Weizenkeime: beim Mahlen von Weizen abgetrennte Keime des Getreides, reich an Vitaminen (besonders Vitamin E) und Fett und nur begrenzt haltbar. Im Handel meist als Flocken erhältlich. Man kann die Inhaltsstoffe der Weizenkeime jedoch auch mit Vollkornprodukten aufnehmen. Weizenkeime sind nicht zu verwechseln mit gekeimtem Weizen, den ganzen Körnern also. Mit Weizenkeimen werden Müsli und Salate angereichert. Man verarbeitet sie auch in Brot und Teigwaren.

Weizenkleie: unverdauliche Randschicht des Weizenkorns, das vor dem Mahlen von Auszugsmehl entfernt und gesondert verpackt als verdauungsförderndes Produkt sogar in Apotheken angeboten wird. Wer regelmäßig Vollkornprodukte ißt, kann auf solche zusätzlichen Verdauungshilfen verzichten.

Frühstück, Vorspeisen, Snacks

Porridge

1 l Wasser
1 Prise Salz
200 g Haferflocken
50 g Zucker
¼ l Sahne

Wasser mit Salz und Haferflocken einmal aufkochen und dann zugedeckt bei schwacher Hitze 10 Minuten köcheln lassen. Dabei häufig umrühren, denn die Haferflocken brennen leicht an. Porridge auf vier Teller verteilen, mit Zucker bestreuen und mit Sahne begießen.

Beilagen: Frisches Obst, Zwetschen- oder Sauerkirschkompott.

Müsli mit Getreidekeimen

(Abb. Seite 32)

4 EL Getreidekörner (Weizen, Roggen oder Gerste)
2 kleine Bananen
Saft von 1 Orange
1 Grapefruit
2 Äpfel
200 g Weintrauben
2 EL Kürbiskerne
1 EL Honig

Getreidekörner mit Wasser befeuchten und keimen lassen *(siehe Seite 22)*. Gekeimte Körner auf ein Sieb geben, kalt abspülen und sehr gut abtropfen lassen. Bananen schälen und mit einer Gabel fein zerdrücken. Orangensaft darübergießen. Grapefruit schälen, in Filets teilen und die Filets noch einmal halbieren. Äpfel waschen, abtrocknen, vierteln, vom Kerngehäuse befreien und würfeln. Gewaschene Weintrauben halbieren und nach Wunsch entkernen. Obst mit den Bananen mischen. Müsli auf vier Schälchen verteilen, mit Getreidekeimen und Kürbiskernen bestreuen und mit dem Honig beträufeln.

Beilage: Vollkornbrot mit Butter

Anmerkung: Statt mit Honig können Sie Müsli auch mit Ahornsirup oder Malzextrakt süßen. Diese natürlichen und gesunden Süßmittel gibt es in Reformhäusern und Naturkostläden.

Schrotmüsli mit Obst

je 4 EL Weizen-, Gersten- und Haferkörner
ca. ¼ l kaltes Wasser
2 Orangen
2 Äpfel
2 Bananen
1 TL Honig oder Ahornsirup
4 EL grobgehackte Haselnußkerne
2 EL Rosinen
4 EL Joghurt

Getreidekörner in der Kaffee- oder Getreidemühle grob schroten, mit dem Wasser mischen und zugedeckt über Nacht im Kühlschrank quellen lassen *(siehe Seite 23).* Am nächsten Morgen 1 Orange auspressen, die andere schälen, in Filets teilen und die Filets noch einmal halbieren. Dabei den Saft auffangen und die Kerne entfernen. Gewaschene Äpfel vierteln, vom Kerngehäuse befreien und würfeln. Geschälte Bananen zerdrücken. Getreideschrot mit Orangensaft und Honig verrühren, mit Obst, Haselnüssen, Rosinen und Joghurt mischen. Müsli auf vier Schälchen verteilen und sofort servieren.

Müsli mit Obst und Getreideflocken

400 g frisches Obst (z. B. Nektarinen, Pfirsiche, Zwetschen, Erdbeeren, Äpfel, Ananas)
2 EL Haferflocken
4 EL Gerstenflocken
1 EL Sonnenblumenkerne
¾ l Milch
Ahornsirup, Malzextrakt oder Honig zum Süßen
4 EL Corn-flakes

Obst vorbereiten, gegebenenfalls schälen, und in kleine Stücke schneiden. Auf vier Teller verteilen, mit Getreideflocken und Sonnenblumenkernen bestreuen. Milch darübergießen und alles mit Ahornsirup, Malzextrakt oder Honig nach Geschmack beträufeln. Zum Schluß die Corn-flakes über das Müsli streuen.

Sechskorn-Müsli mit Backpflaumen und Beeren

4 EL Sechskorn-Getreide
8 EL kaltes Wasser
8 Backpflaumen
100 g frische Beeren (Himbeeren, Erdbeeren, Johannisbeeren oder Brombeeren)
2 EL Ahornsirup
⅛ l Sahne
4 EL gehackte Walnußkerne
4 EL Reisflocken

Sechskorn-Getreide in der Kaffee- oder Getreidemühle schroten, mit Wasser zu einem dicken Brei verrühren und über Nacht zugedeckt an einem kühlen Ort quellen lassen *(siehe Seite 23)*. Am nächsten Morgen Backpflaumen waschen, gegebenenfalls entsteinen und klein würfeln. Beeren waschen, abtropfen lassen und von den Stielen zupfen. Getreideschrot mit Ahornsirup und Sahne verrühren, dann mit Backpflaumen und Beeren mischen. Müsli auf vier Teller geben. Jede Portion mit Walnüssen und Reisflocken besteuen.

Süßer Quark mit Zwetschen

400 g Zwetschen
250 g Quark (20 %)
½ Becher Crème fraîche (100 g)
1 Becher Joghurt (125 g)
1 EL Zitronensaft
1 EL Ahornsirup
20 g Butter
100 g Haferflocken
1 EL Zucker

Zwetschen waschen, halbieren, entsteinen und in Stücke schneiden. Quark mit Crème fraîche, Joghurt, Zitronensaft und Ahornsirup glattrühren. Zwetschen untermischen, und den Quark auf vier Schälchen verteilen. Butter erhitzen, Haferflocken zugeben, mit Zucker bestreuen und unter Rühren goldbraun rösten. Haferflocken über den Quark streuen.

Joghurt mit Dörrobst

Je 2 getrocknete Feigen, Pflaumen und Aprikosen
1 EL Rosinen
2 Becher Joghurt (je 175 g)
1 Becher Dickmilch (200 g)
2 EL gehackte Haselnußkerne
½ TL Zimt, Ahornsirup oder Honig nach Geschmack
je 2 EL Hirseflocken und Reisflocken

Das Dörrobst heiß waschen, trockentupfen und in kleine Stücke schneiden. Mit Rosinen, Joghurt, Dickmilch, Haselnüssen und Zimt mischen und mit Ahornsirup oder Honig nach Geschmack süßen. Joghurt auf vier Schälchen verteilen. Flocken mischen und darüberstreuen.

Beilage: Vollkornbrot mit Butter.

Joghurt mit Orangen und Nüssen

2 Orangen
100 g Walnußkerne, Haselnußkerne, geschälte Mandeln und Kürbiskerne gemischt
4 Becher Joghurt (je 150 g)
1 Becher saure Sahne (125 g)
1 EL Rosinen
1 EL Sanddornsirup
4 EL Weizenflocken

Orangen schälen, von allen weißen Häutchen befreien und quer zuerst in Scheiben, dann in kleine Stücke schneiden. Den Saft dabei auffangen und eventuell vorhandene Kerne entfernen. Nüsse und Kürbiskerne grob hacken. Joghurt mit Sahne cremig schlagen, Orangen, einschließlich Saft, Nüsse, Rosinen und Sanddornsirup untermischen. Den Joghurt unmittelbar vor dem Servieren mit den Weizenflocken bestreuen.

Quark mit Kirschen

100 g altbackenes, trockenes Vollkornbrot
500 g Kirschen
250 g Quark (10 %)
½ Becher Crème fraîche (100 g)
2 EL Schlagsahne
1 EL Ahornsirup
2 EL Pistazien oder grobgehackte Walnußkerne
2 EL Corn-flakes

Vollkornbrot grob reiben. Kirschen waschen, abtropfen lassen, entstielen und nach Wunsch auch entsteinen. Quark mit Crème fraîche, Schlagsahne und Ahornsirup verrühren. Kirschen, Brotbrösel und die Quarkcreme schichtweise in vier Schälchen füllen. Den Kirschquark mit Pistazien oder Nüssen und Cornflakes bestreut servieren.

Himbeerquark

1 TL Butter
50 g Mandelstifte
500 g Himbeeren
(frisch oder tiefgekühlt)
250 g Quark (20 %)
1 Becher Joghurt (125 g)
1 EL Zitronensaft
2 EL Honig
⅛ l Sahne
2 EL Hirseflocken

Butter erhitzen, Mandelstifte darin unter Rühren goldbraun rösten. Frische Himbeeren waschen und vorsichtig trockentupfen. Tiefgekühlte Früchte auftauen lassen. Quark mit Joghurt, Zitronensaft und Honig verrühren. Steif geschlagene Sahne und Himbeeren untermischen. Quark auf vier Schälchen verteilen, mit gerösteten Mandelstiften und Hirseflocken bestreuen.

Käsecreme mit Kräutern

1 Zwiebel
1 Bund Radieschen
300 g Tofu
2 EL Joghurt
2 EL Crème fraîche
250 g körniger Frischkäse
Salz
weißer Pfeffer
1 Prise Zucker
1 Kästchen Kresse
je ½ Päckchen Tiefkühl-Dill
Schnittlauch und gemischte
Kräuter
1–2 EL Kürbiskerne
1 TL Leinöl

Zwiebel schälen und hacken. Radieschen waschen und würfeln. Abgetropften Tofu mit Joghurt und Crème fraîche pürieren. Alle diese Zutaten miteinander mischen. Käsecreme mit Salz, Pfeffer und Zucker würzen. Abgeschnittene Kresse, Kräuter, Kürbiskerne und Leinöl untermischen.

Beilagen: Vollkornbrot, Weizenkeimbrot oder Sesamfladen, die es in türkischen oder griechischen Lebensmittelgeschäften zu kaufen gibt.

Kräuterquark mit Getreidekeimen

2 EL Weizen-, Roggen- oder Gerstenkörner
1 Zwiebel
1 Bund Schnittlauch
je 1 Handvoll frischer Kerbel, junger Löwenzahn und Sauerampfer
250 g Magerquark
⅛ l süße Sahne
2 EL Sonnenblumenkerne
1 Prise Zucker, Salz oder Hefeflocken
frisch gemahlener schwarzer Pfeffer
1 TL Leinöl

Getreidekörner mit Wasser befeuchten und keimen lassen *(siehe Seite 22)*. Gekeimte Körner auf ein Sieb geben, kalt abspülen und sehr gut abtropfen lassen. Zwieben schälen und fein würfeln. Gewaschenen Schnittlauch in Röllchen schneiden. Kräuter verlesen, von eventuell harten Stielen befreien, waschen, trockenschwenken und fein zerkleinern. Quark mit Sahne glattrühren, Getreidekeime, Zwiebel, Kräuter und Sonnenblumenkerne untermischen. Kräuterquark mit Zucker, Salz oder Hefeflocken, Pfeffer und Leinöl abschmecken.

Beilage: Radieschen, Salatgurken, Tomaten, Vollkornbrot und eventuell Butter.

Stangensellerie mit Tofusauce

500 g Stangensellerie
100 g Tofu
1 Becher (150 g) Joghurt
1 EL süße Sahne
1 Knoblauchzehe
1 TL Zitronensaft
1 TL kaltgepreßtes Olivenöl
1 Päckchen gemischte Tiefkühlkräuter
Salz
weißer Pfeffer

Selleriestangen waschen, trockentupfen und in Stücke schneiden. Den Tofu mit dem Joghurt und der Sahne pürieren. Knoblauch durch die Presse drücken und mit Zitronensaft, Öl und Kräutern untermischen. Sauce mit Salz und Pfeffer abschmecken und zum Sellerie reichen.

Couscous-Salat

2 kleine Auberginen
Salz
6 EL Sonnenblumenöl
500 g Tomaten
1 Zwiebel
1 Knoblauchzehe
1 kleine rote Pfefferschote
75 g Couscous
3 EL Weinessig
4 EL gemischte Kräuter, frisch gehackt (z. B. Petersilie, Dill, Schnittlauch, Zitronenmelisse, Borretsch und wenig Minze)

Die Auberginen waschen, trockentupfen und in Würfel schneiden. Mit Salz bestreuen und 10 Minuten ziehen lassen. Dann mit Küchenpapier abtupfen und die Würfel in 3 EL Öl braun braten. Die Tomaten waschen, abtrocknen und würfeln, dabei Stielansätze und Kerne entfernen. Die Zwiebel und den Knoblauch schälen und fein hacken. Die Pfefferschote vom Stielansatz befreien, halbieren und alle Kerne herauskratzen. Die Schotenhälften waschen, trockentupfen und in feine Streifen schneiden. Alle Salatzutaten mit dem Couscous, Essig, Salz, Kräutern und dem restlichen Öl mischen. Den Salat zugedeckt bei Zimmertemperatur 45 Minuten durchziehen lassen. So kann der Couscous durch die Feuchtigkeit der Gemüse quellen. Den Couscous-Salat vor dem Servieren vorsichtig durchrühren, damit der Couscous schön körnig ist.

Linsensalat mit Thunfisch

250 g braune Linsen
½ l Wasser
2 Zwiebeln
3 Gewürznelken
1 Lorbeerblatt
4 EL Weinessig
1 TL scharfer Senf
Salz
schwarzer Pfeffer
1 Prise Zucker
2 EL Öl
1 Dose Thunfisch (200 g)
1 kleines Glas Mixed Pickles
1 Bund Schnittlauch

Linsen mit Wasser zum Kochen bringen. Eine Zwiebel schälen, halbieren und mit den Nelken spicken. Mit dem Lorbeerblatt zu den Linsen geben und alles zugedeckt bei schwacher Hitze 50 Minuten kochen lassen. Restliche Zwiebel schälen und hacken. Essig mit Senf, Salz, Pfeffer, Zucker und Öl verrühren. Gegarte Linsen mit abgetropftem, zerpflücktem Thunfisch, gehackter Zwiebel, Mixed Pickles und Salatsauce mischen. Salat 30 Minuten durchziehen lassen. Gewaschenen Schnittlauch in Röllchen schneiden und den Salat damit bestreut servieren.

Sprossensalat

je 2 EL Mungobohnen, Sonnenblumenkerne, Kichererbsen und Gerstenkörner
⅛ l Gemüsebrühe
1 rote Zwiebel
3 Tomaten
1 Knoblauchzehe
3 EL milder Kräuteressig
Salz
weißer Pfeffer
1 TL Kräutersenf
4 EL Olivenöl
1 Kästchen Kresse
2 EL Kürbiskerne

Mungobohnen, Sonnenblumenkerne, Kichererbsen und Gerstenkörner in Keimschalen geben und etwa 3 Tage keimen lassen *(siehe Seite 22)*. Die Sprossen dann gründlich kalt abspülen und abtropfen lassen. Die Mungokeime in der kochenden Brühe 1 Minute blanchieren; sie enthalten, wie alle Bohnensorten, ein natürliches Gift, das durch kurzes Garen unschädlich gemacht wird. Zwiebel schälen, halbieren und in dünne Scheiben schneiden. Tomaten waschen, abtrocknen und klein würfeln. Knoblauch schälen und fein hacken. Den Essig mit Salz, Pfeffer und Senf verrühren. Das Öl unterschlagen. Kresse mit einer Schere abschneiden. Sprossen und Kresse mit der Salatsauce mischen. Kürbiskerne darüberstreuen.

Beilagen: Vollkornbrot mit Butter oder auch kurzgebratenes Fleisch.

Roher Gemüsesalat mit Sprossen

1 grüne Paprikaschote
1 Möhre
½ Salatgurke
1 große Fleischtomate
je 1 Bund Frühlingszwiebeln und Radieschen
4 EL gekeimte Körner (z. B. Weizen, Gerste und Grünkern)
je 1 Bund Schnittlauch und Dill
1 Knoblauchzehe
Salz
3 EL Weißweinessig
1 EL trockener Weißwein
schwarzer Pfeffer
1 Prise Zucker
5 EL kaltgepreßtes Olivenöl

Paprikaschote und Möhre putzen und waschen. Paprikaschote in Streifen, Möhre in Stifte schneiden. Salatgurke schälen und würfeln. Tomate ebenfalls waschen, abtrocknen und würfeln. Dabei Kerne und Stielansatz entfernen. Frühlingszwiebeln und Radieschen putzen, waschen und in dünne Scheiben schneiden. Gekeimte Körner ebenfalls kalt abspülen, trockenschwenken und mit dem anderen Gemüse in einer Schüssel mischen. Kräuter waschen, trockenschwenken und fein zerkleinern. Knoblauch mit Salz zerdrücken. Essig mit Wein, Salz, Pfeffer und Zucker verrühren. Öl unterschlagen. Kräuter und Knoblauch zugeben und die Marinade unter den Salat mischen. Sofort servieren.

Beilagen: Brot, Butter und griechischer Schafkäse (Feta) oder körniger Frischkäse.

Tomatensalat mit Tofu-Dressing

800 g Tomaten
1 Kästchen Kresse
½ Bund Petersilie
150 g Tofu
1 EL Zitronensaft
1–2 TL Kräutersenf
1 EL süße Sahne
Salz
weißer Pfeffer
1 EL Olivenöl

Tomaten waschen, abtrocknen und in Scheiben schneiden. Dabei die Stielansätze entfernen. Die Tomatenscheiben auf vier Tellern anrichten. Kresseblättchen mit einer Küchenschere abschneiden. Petersilie waschen, trockenschwenken und fein hacken. Tofu mit einer Gabel ganz fein zerdrücken und mit Zitronensaft, Kräutersenf, Sahne, Olivenöl und der Hälfte der Kräuter mischen. Das Dressing mit Salz und Pfeffer abschmecken und über den Tomatenscheiben verteilen. Den Salat mit den restlichen Kräutern garnieren.

Beilagen: Weizenkeimbrötchen mit Butter oder kurzgebratenes Fleisch.

Linsensalat mit Speck

200 g braune Linsen
⅛ l trockener Rotwein
¼ l Wasser
je 1 Zweig frischer Rosmarin und Thymian
1 Knoblauchzehe
6 EL Rotweinessig
2 TL Kräutersenf
1 Prise Zucker
Salz
schwarzer Pfeffer
3 EL Sonnenblumenöl
8 Scheiben Frühstücksspeck
1 Bund Schnittlauch

Linsen in einem Topf mit Rotwein und Wasser zum Kochen bringen. Rosmarin und Thymian zugeben, und die Linsen 45 bis 60 Minuten kochen; sie sollen weich sein, aber noch Biß haben. Knoblauch schälen und durch die Presse drücken. Mit Essig, Senf, Zucker und Pfeffer verrühren. Öl untermischen. Speckscheiben ohne weitere Fettzugabe in einer Pfanne knusprig braun braten. Linsen noch heiß mit der Marinade mischen und auf vier Teller verteilen, Speckscheiben darauf anrichten. Schnittlauch waschen, trockenschwenken und in feine Röllchen schneiden. Über den Linsensalat streuen. Den Salat lauwarm servieren.

Sojasprossensalat mit Huhn

1 Zitrone
300 g entbeinte Hühnerbrust
1 EL Butter
1 kleine, rote Pfefferschote
1 Bund Schnittlauch
400 g gekeimte Mungobohnen
3 EL Sonnenblumenöl
$\frac{1}{8}$ l Hühnerbrühe
2 EL Sojasauce
1 EL Cognac
Salz
1 Prise Zucker

Die Zitrone auspressen. Hühnerfleisch trockentupfen und mit etwas Saft beträufeln. Butter in einer Pfanne erhitzen und das Fleisch darin pro Seite etwa 3 Minuten braten. Etwas abkühlen lassen, dann quer zur Faser in dünne Scheiben schneiden. Die Pfefferschote vom Stielansatz befreien, halbieren und alle Kerne herauskratzen. Die Schotenhälften kalt abspülen, trockentupfen und in feine Streifen schneiden. Den Schnittlauch waschen, trockentupfen und in Röllchen schneiden. Mungobohnen unter kaltem Wasser abspülen und sehr gut trockenschwenken. Sprossen in 1 EL Öl anbraten, die Hühnerbrühe zugießen, und die Sprossen etwa 1 Minute dünsten. Sprossen mit Huhn, Pfefferschote und Schnittlauch in einer Schüssel mischen. Den restlichen Zitronensaft mit Cognac, Salz, Zucker und dem restlichen Öl verrühren. Das Dressing vorsichtig unter den Salat mischen. Sojasprossensalat vor dem Servieren 30 Minuten zugedeckt bei Zimmertemperatur durchziehen lassen.

Beilage: Vollkorntoast mit Butter oder Fladenbrot, das es in türkischen oder griechischen Lebensmittelläden zu kaufen gibt.

Sommersalat

1 Eissalat
je 1 Handvoll gekeimte Weizenkörner und Linsen
100 g Champignons
1 Fleischtomate
50 g Spinat
1 Bund Frühlingszwiebeln
50 g gemischte Kräuter (z. B. Kerbel, Zitronenmelisse, Basilikum, Thymian, Estragon und Sauerampfer)
1 EL Kräutersenf
Salz
weißer Pfeffer
1 Prise Zucker
3 EL Himbeeressig
6 EL kaltgepreßtes Olivenöl
1 Handvoll Kürbiskerne

Salat waschen, trockenschleudern und zerpflücken. Weizen- und Linsenkeime ebenfalls waschen und abtropfen lassen. Champignons putzen, kurz unter kaltem Wasser abspülen und blättrig schneiden. Tomate waschen und würfeln, dabei den Stielansatz entfernen. Spinat verlesen, waschen und abtropfen lassen. Frühlingszwiebeln putzen und in dünne Ringe schneiden, dabei die Hälfte des Zwiebelgrüns mitverwenden. Kräuter waschen, trockenschwenken und fein hacken. Alle Zutaten in einer Schüssel mischen. Senf, Salz, Pfeffer, Zucker und Essig verrühren. Öl unterrühren. Marinade über den Salat gießen und untermischen. Kürbiskerne in einer Pfanne ohne Fettzugabe rösten und über den Salat streuen.

Beilagen: Gegrilltes Fleisch oder Pellkartoffeln mit Butter.

Nudelsalat

250 g Vollkornnudeln
Salz
150 g Egerlinge
20 g Butter
½ Zitrone
100 g gekochter Schinken
1 Tomate
1 Handvoll frische Kräuter (z. B. Thymian, Petersilie, Zitronenmelisse und Schnittlauch)
1 EL Kräuteressig
1 Becher Crème fraîche (200 g)
3 EL Joghurt
2 TL scharfer Senf
weißer Pfeffer

Nudeln in reichlich sprudelnd kochendem Salzwasser bißfest garen. Egerlinge putzen, kurz waschen und blättrig schneiden. Butter erhitzen, Pilze und Zitronensaft zugeben. Pilze unter ständigem Rühren so lange dünsten, bis sie weich sind, aber noch Biß haben. Schinken und entkernte Tomate würfeln. Kräuter verlesen, waschen, trockenschwenken und fein zerkleinern. Essig mit Crème fraîche, Joghurt und Senf verrühren, mit Salz und Pfeffer abschmecken. Nudeln und Egerlinge noch warm mit der Salatsauce mischen.

Avocadocreme

50 g Tofu
½ Zitrone
1 reife Avocado
1 EL Sesamkörner
Salz
weißer Pfeffer
Tabascosauce

Tofu mit einer Gabel fein zerdrücken. Zitrone auspressen. Avocado halbieren, Kern entfernen, Fruchtfleisch herauslösen und ebenfalls fein zerdrücken. Tofu, Zitronensaft, Avocadopüree und Sesamkörner mischen. Mit Salz, Pfeffer und wenig Tabascosauce abschmecken.

Wildkräuter mit Tofu

40 g Brunnenkresse
40 g Löwenzahnblätter
60 g Blattspinat
1 Zitrone
2 EL Himbeeressig
Salz
weißer Pfeffer
2 Frühlingszwiebeln
6 EL Sonnenblumenöl
200 g Tofu (Sojabohnenquark)
2 EL Vollkornmehl
Muskatnuß gerieben
2 Eier
2 TL Sojasauce
4 EL Semmelbrösel
4 EL geriebener Käse
40 g Butter

Brunnenkresse, Löwenzahn und Spinat verlesen und vorbereiten. Zitronensaft mit Essig, Salz und Pfeffer verrühren. Öl untermischen. Geputzte Frühlingszwiebeln in feine Ringe schneiden, dabei etwa die Hälfte des Zwiebelgrüns mitverwenden. Unter die Salatsauce mischen. Sauce über Kräuter und Spinat gießen. Abgetropften Tofu in Scheiben schneiden. Mehl mit Muskat würzen. Eier mit Sojasauce verquirlen, Semmelbrösel mit dem Käse mischen. Tofuscheiben salzen und pfeffern. Zuerst in Mehl, dann in Ei und der Bröselmischung wenden. Butter erhitzen, Tofuscheiben darin auf jeder Seite etwa zwei Minuten braten. Auf dem Salat anrichten.

Sesampflänzchen auf Pilzen

(Abb. Seite 33)

⅛ l Wasser
Salz
4 EL Sesamsamen
3 EL Weizenvollkorngrieß
½ kleines Bund Petersilie
Muskatnuß
1 vollreife Tomate
½ Bund Schnittlauch
einige Kerbelblättchen
2 EL Himbeeressig
½ TL Dijonsenf
schwarzer Pfeffer
3 EL Olivenöl
30 g Butter
250 g Champignons

Wasser mit Salz aufkochen, 2 EL Sesamsamen und Grieß einstreuen. Unter häufigem Umrühren so lange kochen, bis die

Masse bindet. Petersilie waschen, Blättchen abzupfen, trockentupfen und fein hacken. Mit der Muskatnuß unter die Grießmasse mischen. Die Masse abkühlen lassen. Tomate häuten und würfeln, dabei Stielansatz und Kerne entfernen. Gewaschenen Schnittlauch in feine Röllchen schneiden, Kerbelblättchen waschen und trockentupfen. Essig mit Senf, Salz, Pfeffer und Öl verrühren. Aus dem Griesteig vier Kugeln formen und zu dünnen Pflänzchen flachdrücken. Die Pflänzchen im restlichen Sesam wenden und in der heißen Butter bei milder Hitze auf beiden Seiten insgesamt ca. 6 Minuten braten. Geputzte Pilze blättrig schneiden, auf 4 Tellern verteilen und mit den Tomatenwürfeln und dem Schnittlauch belegen. Die Salatsaucen darüberträufeln. Pilze mit den Kerbelblättchen garnieren. Je 1 Pflänzchen auf die Pilze legen und alles sofort servieren.

Blattsalate mit Sprossen

500 g gemischte Blattsalate wie Frisée, Radicchio, Feldsalat und Eichblattsalat
4 EL gemischte Sprossen von Weizen, Kichererbsen und Sonnenblumenkernen
1 Scheibe Vollkornbrot
1 Knoblauchzehe
30 g Butter
4 EL milder Weißweinessig
1 TL Kräutersenf
Salz
schwarzer Pfeffer
1 Prise Zucker
4 EL Olivenöl
1 Handvoll Kerbelblättchen

Salate putzen, waschen, trockenschwenken, in mundgerechte Stücke zupfen und mit den Sprossen mischen. Vollkornbrot würfeln, Knoblauchzehe schälen und zerdrücken. Brot in der heißen Butter bei mittlerer Hitze rundherum rösten. Knoblauchzehe zugeben und alles noch einmal durchmischen. Essig mit Senf, Salz, Pfeffer, Zucker und Olivenöl verrühren. Salate anrichten und mit der Sauce übergießen. Geröstete Brotwürfel und Kerbelblättchen darüberstreuen.

Marinierte Kichererbsen

250 g Kichererbsen
1 große Zwiebel
1 Knoblauchzehe
⅛ l Olivenöl
¼ l trockener Weißwein
¼ l Gemüsebrühe
1 Zitrone
1 Lorbeerblatt
1 Gewürznelke
4 weiße Pfefferkörner
250 g vollreife Tomaten
1 Bund Dill
einige Thymianblättchen
Salz
1 Prise Zucker

Kichererbsen 3 Tage keimen lassen *(siehe Seite 22)*. Zwiebel und Knoblauchzehe schälen und fein würfeln. Olivenöl erhitzen, Zwiebel und Knoblauch bei schwacher Hitze darin glasig braten. Kichererbsen zufügen und anschwitzen. Weißwein und Gemüsebrühe zugießen. Von der Zitrone ein etwa 3 cm langes Stück Schale hauchdünn abschneiden. Zitrone dann auspressen. Zitronenschale und Saft, Gewürznelken, Lorbeerblatt und Pfefferkörner zu den Kichererbsen geben. Alles einmal aufkochen und die Kichererbsen zugedeckt bei schwacher Hitze etwa 10 Minuten garen. Inzwischen die Tomaten häuten und würfeln, dabei von Stielansätzen und Kernen befreien. Zu den Kichererbsen geben und weitere 5 Minuten garen. Gewaschenen Dill fein hacken. Beide Zutaten zu den Kichererbsen geben und noch einmal 5 Minuten garen. Kichererbsen mit Dill, Thymian, Salz und Zucker abschmecken und erkalten lassen.

Beilagen: Knoblauchbrot oder Vollkornbrot mit Kräuterbutter.

Gerstensalat mit Sonnenblumenkernen

100 g Gerste
knapp ¼ l Wasser
100 g Tofu
2 EL Sojasauce
100 g braune Egerlinge
2 vollreife Tomaten
1 Bund Frühlingszwiebeln
1 Bund Schnittlauch
1 Kästchen Kresse
4 EL Sonnenblumenkerne
4 EL Weißwein- oder Sherryessig
Salz
schwarzer Pfeffer
5 EL kaltgepreßtes Sonnenblumenöl

Gerste mit Wasser übergießen, einmal aufkochen und zugedeckt bei schwacher Hitze 1 Stunde kochen, dann vom Herd ziehen und 1 Stunde quellen lassen. Inzwischen Tofu würfeln und in der Sojasauce marinieren. Pilze putzen und blättrig schneiden. Tomaten waschen, abtrocknen und würfeln, dabei Stielansätze herausschneiden. Frühlingszwiebeln putzen, waschen, trockenschwenken und mit etwa zwei Drittel ihres Grüns in feine Ringe schneiden. Gewaschenen Schnittlauch fein zerkleinern. Zwei Drittel der Kresse mit einer Küchenschere abschneiden. Alle diese Zutaten mit der Gerste und den Sonnenblumenkernen mischen. Essig mit Salz, Pfeffer und 4 EL Öl verrühren. Marinade über den Salat gießen. Tofuwürfel im restlichen Öl rundherum goldbraun braten, über dem Salat verteilen und diesen mit der restlichen Kresse bestreut servieren.

Suppen und Eintöpfe

Hühnersuppe mit Hirse und Linsen

1 l Hühnerbrühe
100 g Hirse
60 g kleine, schwarze Linsen (Puy-Linsen)
1 Möhre
Saft von ½ Zitrone
1 Bund Schnittlauch

Hühnerbrühe zum Kochen bringen. Hirse darin zugedeckt 15 Minuten leise kochen lassen. Linsen und in Stifte geschnittene Möhre zugeben und weitere 10 Minuten garen. Suppe mit Zitronensaft abschmecken und mit dem feingeschnittenen Schnittlauch bestreut servieren.

Gemüsesuppe mit Vollkornflädle

2 Bund Petersilie
125 g Weizenvollkornmehl
Salz
⅛ l Milch
⅛ l Mineralwasser
1 Ei
250 g Blumenkohl
200 g Möhren
3 EL Öl
1½ l Fleischbrühe
schwarzer Pfeffer

Petersilie waschen, trockenschwenken und fein hacken. Mehl mit Salz, Milch und Mineralwasser verrühren. Ei und die Hälfte der Petersilie untermischen. Teig zugedeckt ruhen lassen. Inzwischen Blumenkohl putzen, waschen und in Röschen teilen. Möhren schaben, ebenfalls waschen und in Stifte schneiden.

Jeweils etwas Öl erhitzen, aus dem Teig nacheinander dünne Pfannkuchen backen und im Backofen warm halten. Fleischbrühe erhitzen und das Gemüse darin in 6—8 Minuten bißfest garen. Pfannkuchen in dünne Streifen (Flädle) schneiden. Vollkornflädle in die heiße Suppe geben, mit Salz und Pfeffer abschmecken. Suppe mit der restlichen Petersilie bestreut sofort servieren.

Linsensuppe mit Gemüse

1 Zwiebel
1 Knoblauchzehe
1 EL Butter
1 EL Sonnenblumenöl
100 g Linsen
1 l Gemüsebrühe, frisch gekocht oder Instant
1 Stange Lauch (etwa 100 g)
250 g Wirsing
½ Bund Petersilie oder 1 Handvoll frischer Kerbel
Kräutersalz oder Hefeflocken
weißer Pfeffer
gemahlener Kümmel

Zwiebel und Knoblauchzehe schälen und fein hacken. Butter und Öl in einem Topf erhitzen. Zwiebel und Knoblauch darin glasig braten. Linsen zugeben und anbraten, bis sie vollkommen vom Fett überzogen sind. Gemüsebrühe zugießen und zum Kochen bringen. Linsen bei schwacher Hitze zugedeckt etwa 55 Minuten köcheln lassen. Inzwischen Lauch putzen, waschen und in etwa 1 cm lange Stücke schneiden. Dabei die Hälfte des Grüns mitverwenden. Wirsing vom Strunk befreien. Die dicken Blattrippen herausschneiden, die Blätter waschen und in Streifen teilen. Gemüse zu den Linsen geben und noch einmal etwa 5 Minuten garen. Petersilie oder Kerbel waschen, trockenschwenken und fein hacken. Suppe mit Kräutersalz oder Hefeflocken, Pfeffer und einer kräftigen Prise Kümmel abschmecken und mit Petersilie oder Kerbel bestreut servieren.

Spinatsuppe

300 g Spinat
je 100 g gekeimte Weizenkörner und Linsen
1 Zwiebel
1 Knoblauchzehe
1 EL Butter
¼ l Milch
½ l Gemüsebrühe
Salz
weißer Pfeffer
geriebene Mußkatnuß
1 Bund Petersilie

Spinat verlesen, waschen, trockenschwenken und grob hacken. Die Weizen- und Linsenkeime ebenfalls waschen und abtropfen lassen. Zwiebel und Knoblauchzehe schälen und sehr fein würfeln. Butter erhitzen. Zwiebel und Knoblauch darin glasig braten. Keime zugeben und braten, bis sie von einem dünnen Fettfilm überzogen sind. Spinat zugeben und unter Rühren zusammenfallen lassen. Milch und Gemüsebrühe zugießen. Suppe mit Salz, Pfeffer und Muskatnuß würzen und bei schwacher Hitze etwa 2 Stunden köcheln lassen, bis die Keime bißfest sind. Inzwischen Petersilie waschen, trockentupfen und fein hacken. Suppe auf vorgewärmten Tellern verteilen und mit der Petersilie bestreut servieren.

Gemüsesuppe mit Vollkornklößchen

50 g Butter
50 g geriebener Gouda
1 Ei
Salz
Muskatnuß
1 EL gehackte Petersilie
75 g Weizenvollkornmehl
50 g Buchweizenmehl
250 g Broccoli
250 g frische Erbsen
1½ l Hühnerbrühe
1 Bund Frühlingszwiebeln

Für die Klößchen Butter mit Käse schaumig rühren. Ei, Salz, Muskatnuß, Petersilie und die beiden Mehlsorten untermischen. Teig 30 Minuten ruhen lassen. Inzwischen Broccoli putzen, waschen und in Röschen teilen, Erbsen auspalen. Brühe zum Kochen bringen. Aus dem Klößchenteil mit angefeuchteten Händen ein walnußgroßes Klößchen formen und in die leise kochende Brühe geben. Wenn es seine Form behält, die restlichen Klößchen formen und etwa 5 Minuten in der Brühe garen. Sollte das Klößchen »abkochen«, noch etwas Mehl unterkneten. Gemüse zugeben und etwa 6 Minuten garen. Inzwischen Frühlingszwiebeln putzen, waschen und in feine Ringe schneiden, dabei etwa die Hälfte des Zwiebelgrüns mitverwenden. Suppe mit Zwiebelringen bestreut sofort servieren.

Suppe mit verschiedenen Bohnen

Für 6 Personen:

100 g Wachtelbohnen
je 100 g rote, schwarze und weiße Bohnen
1¼ l ungesalzene Gemüsebrühe
¼ l trockener Rotwein
1 kg Tomaten
1 große Zwiebel
1 Knoblauchzehe
2 EL Öl
750 g Hackfleisch
1 EL getrockneter Oregano
Chilipulver
1 Bund Petersilie
Salz

Alle Bohnen kalt abspülen, mit der Gemüsebrühe bedecken und 12 Stunden einweichen. Am nächsten Tag den Rotwein zugießen, alles zum Kochen bringen, dann bei schwacher Hitze 30 Minuten kochen. Inzwischen Tomaten häuten und würfeln, dabei Stielansätze und Kerne entfernen. Zwiebel und Knoblauchzehe schälen und fein hacken. Öl erhitzen. Hackfleisch darin bei starker Hitze anbraten, bis es krümelig ist. Zwiebel und Knoblauch zugeben und glasig braten. Tomaten zufügen und mitbraten, bis sie Flüssigkeit abgeben. Bohnen mit der Kochflüssigkeit zugießen. Suppe mit Oregano und Chilipulver würzen und einmal aufkochen. Bei schwacher Hitze weitere 1½ Stunden garen, bis die Bohnen weich sind. Petersilie waschen, trockenschwenken und fein hacken. Suppe mit Salz und eventuell Chilipulver abschmecken und mit der Petersilie bestreut sehr heiß servieren.

Suppe mit schwarzen Bohnen

Für 6 Personen:

400 g schwarze Bohnen
1 l Wasser
1 l ungesalzene Gemüsebrühe
500 g Rinderschulter
100 g Möhren
1 Petersilienwurzel
150 g Lauch
100 g Knollensellerie
1 Zwiebel
1 Knoblauchzehe
einige Zweige frischer Thymian
½ Bund Petersilie
1 EL Öl
1 Lorbeerblatt
Salz
weißer Pfeffer
Cayennepfeffer

Schwarze Bohnen mit Wasser und Gemüsebrühe übergießen und zugedeckt 7—8 Stunden einweichen. Am nächsten Tag die Bohnen und das Fleisch in der Einweichflüssigkeit zum Kochen bringen und zugedeckt bei schwacher Hitze etwa 2 Stunden köcheln lassen. Inzwischen Möhre und Petersilienwurzel schälen und waschen. Lauch und Sellerie putzen und ebenfalls waschen. Alle Gemüse klein schneiden. Zwiebel und Knoblauch schälen und fein hacken. Thymian und Petersilie waschen und trockenschwenken. Die Blättchen der Petersilie abzupfen und beiseite stellen, die Stiele brauchen Sie für die Suppe. Öl erhitzen. Zwiebel und Knoblauch darin glasig werden lassen. Gemüse zugeben und unter Rühren mitbraten. Alles mit den Bohnen einschließlich ihrer Kochflüssigkeit auffüllen. Fleisch in mundgerechte Stücke schneiden. Thymian- und Petersilienstiele sowie das Lorbeerblatt zugeben. Alles einmal aufkochen. Temperatur zurückschalten und die Suppe weitere 30 Minuten bei schwacher Hitze zugedeckt garen. Petersilienblättchen fein hacken. Kräuterzweige bzw. -stiele und das Lorbeerblatt aus der Suppe nehmen, Fleisch wieder zugeben und erwärmen. Suppe mit Salz, Pfeffer und Cayennepfeffer pikant abschmecken. Mit der Petersilie bestreut servieren.

Grünkernsuppe mit Kräutern

1½ l Hühnerbrühe
100 g Grünkern
400 g Kohlrabi
1 Bund Petersilie oder
1 Handvoll Kerbel
1 Bund Schnittlauch
Kräutersalz oder Hefeflocken
weißer Pfeffer

Hühnerbrühe zum Kochen bringen, Grünkern zugeben und einmal aufkochen. Temperatur zurückschalten und den Grünkern bei schwacher Hitze etwa 1 Stunde köcheln lassen. Inzwischen Kohlrabi schälen, waschen und in Stifte schneiden. Petersilie oder Kerbel und Schnittlauch waschen und trockentupfen. Petersilie oder Kerbel fein hacken. Schnittlauch in Röllchen schneiden. Kohlrabistifte in die Suppe geben, alles noch einmal aufkochen und die Kohlrabi bei schwacher Hitze etwa 3 Minuten garen. Suppe mit Kräutersalz oder Hefeflocken und Pfeffer abschmecken. Kräuter untermischen und die Suppe sofort servieren.

Geröstete Roggensuppe

1 EL Butter
60 g Roggen, grob geschrotet
¾ l Fleischbrühe, frisch gekocht oder Instant
2–3 Frühlingszwiebeln
½ Bund Petersilie
Salz
schwarzer Pfeffer

Butter erhitzen. Roggenschrot zugeben und unter ständigem Rühren einige Minuten anrösten. Die kalte Fleischbrühe zugießen und zum Kochen bringen. Temperatur sofort zurückschalten und die Suppe zugedeckt bei schwacher Hitze etwa 40 Minuten köcheln lassen. Inzwischen Frühlingszwiebeln putzen, waschen und in hauchdünne Ringe schneiden, dabei etwa die Hälfte des Zwiebelgrüns mitverwenden. Petersilie waschen, trockenschwenken und fein hacken. Suppe mit Salz und Pfeffer würzen und auf vorgewärmten Tellern verteilen. Die Zwiebelringe und die Petersilie darüberstreuen.

Chinesische Hühnersuppe

10 g China-Pilze
1 Zwiebel
1 Knoblauchzehe
1 Stange Lauch (etwa 120 g)
100 g Bambussprossen (Dose)
2 EL Öl
100 g gekeimte Mungobohnen
50 g Tomatenpaprika (Glas)
1 l Hühnerbrühe
1 EL Sojasauce
1 EL Sherryessig
Salz
1 Prise Zucker
Currypulver
Ingwerpulver
50 g Glasnudeln
350 g entbeinte Hühnerbrust

Pilze 2 Stunden in lauwarmem Wasser einweichen, dann abtropfen lassen. Zwiebel und Knoblauch schälen und fein hacken. Lauch putzen, waschen und in Ringe schneiden. Abgetropfte Bambussprossen in Streifen teilen. Die Hälfte des Öls erhitzen. Zwiebel und Knoblauch darin glasig braten. Lauch, Bambussprossen, Mungobohnen, abgetropften Tomatenpaprika und Pilze zugeben und anbraten. Hühnerbrühe zugießen, mit Sojasauce, Essig, Salz, Zucker, Curry und Ingwer pikant würzen. Glasnudeln mit kochendem Wasser übergießen und 3 Minuten ziehen lassen. Abgetropft zur Suppe geben. Hühnerbrust in feine Streifen schneiden. Im restlichen Öl anbraten. Ebenfalls unter die Suppe mischen. Sofort servieren.

Gemüsesuppe mit Tofu

250 g Tofu
2 EL Sojasauce
250 g Lauch
250 g Kohlrabi
1–2 EL Öl
1 l Gemüsebrühe
1 EL trockener Sherry
Salz
weißer Pfeffer
1 EL gehackte Petersilie

Tofu in Würfel von etwa 1 cm Kantenlänge schneiden. Würfel mit 1 EL Sojasauce mischen und zugedeckt 30 Minuten marinieren. Lauch putzen, waschen und in dünne Ringe schneiden. Kohlrabi schälen, waschen und in Stifte teilen. Öl in einer Pfanne erhitzen. Die Tofuwürfel darin etwa 5 Minuten braten. Inzwischen Brühe zum Kochen bringen. Gemüse zugeben und in etwa 4 Minuten bißfest garen. Suppe mit Sherry, der restlichen Sojasauce, Salz und Pfeffer abschmecken und auf vier vorgewärmten Tellern verteilen. Tofuwürfel in die Suppe geben. Petersilie darüberstreuen und die Suppe sofort servieren.

Brennsuppe

1 Bund Petersilie
je 1 Handvoll Sauerampfer und Spinat
1 Zweig Majoran
60 g Butter
30 g Weizenvollkornmehl
¾ l Gemüsebrühe
Salz
weißer Pfeffer
Cayennepfeffer
¼ TL Instant-Brühe
½ Becher süße Sahne (125 g)
2 EL Crème fraîche
2 Bund Schnittlauch

Petersilie, Sauerampfer, Spinat und Majoran waschen, trockentupfen und fein zerkleinern. Butter erhitzen, Mehl unter Rühren darin goldgelb rösten. Brühe nach und nach zugießen. Dabei kräftig mit dem Schneebesen rühren, damit das Mehl keine Klümpchen bildet. Suppe mit Salz, Pfeffer, Cayennepfeffer und Instant-Brühe würzen. Kräuter und Spinat zugeben. Brennsuppe 15 Minuten köcheln lassen. Sahne und Crème fraîche untermischen und die Suppe noch einmal erhitzen. Vorbereiteten Schnittlauch in feine Röllchen schneiden. Suppe auf vier Teller verteilen und mit dem Schnittlauch bestreuen.

Minestrone

150 g getrocknete weiße Bohnen
75 g durchwachsener Räucherspeck
1 Zwiebel
2 Knoblauchzehen
200 g Möhren
2 Petersilienwurzeln
2 Stangen Sellerie
1 Stange Lauch
250 g Weißkraut
500 g frische dicke Bohnen
3 EL Olivenöl
500 g Fleischtomaten
300 g Tiefkühl-Erbsen
1½ l Gemüsebrühe
1 Lorbeerblatt
1 Zweig frischer Rosmarin
1 Bund Petersilie
100 g Vollkornnudeln
Salz
schwarzer Pfeffer

Getrocknete Bohnen abspülen und mit Wasser bedeckt 8 Stunden einweichen. Am nächsten Tag mit dem Einweichwasser zum Kochen bringen und bei schwacher Hitze 50 Minuten köcheln lassen. Inzwischen Speck würfeln. Zwiebel und Knoblauch schälen und fein hacken. Möhren und Petersilienwurzeln schälen, waschen und würfeln. Sellerie und Lauch putzen, waschen und in Stücke schneiden. Vom Weißkraut den Strunk entfernen, die Blätter waschen und in nicht zu feine Streifen teilen. Dicke Bohnen waschen und abtropfen lassen. Öl erhitzen. Speck darin ausbraten. Inzwischen Tomaten häuten und fein würfeln, dabei Kerne und Stielansätze entfernen. Zwiebel und Knoblauch zum Speck geben und glasig braten. Die getrockneten Bohnen abtropfen lassen. Alle Gemüse außer den Tomaten in den Topf geben und anbraten. Brühe angießen und zum Kochen bringen. Tomaten untermischen. Lorbeerblatt, Rosmarin und Petersilie zugeben und die Suppe 30 Minuten köcheln lassen. Nudeln zugeben und alles weitere 10 Minuten garen. Kräuter entfernen und die Suppe mit Salz und Pfeffer abschmecken.

Grünkernsuppe mit Pute und Lauch

1 EL Butter
60 g Grünkern, grob geschrotet
1 l Hühnerbrühe
200 g Putenfilet
250 g Lauch
Salz
weißer Pfeffer
Cayennepfeffer

Butter erhitzen. Grünkern darin unter Rühren anrösten. Brühe zugießen, einmal aufkochen, dann etwa 20 Minuten leise köcheln lassen. Inzwischen Putenfilet in feine Streifen schneiden. Lauch putzen, waschen und in feine Ringe schneiden, dabei etwa zwei Drittel des Lauchgrüns mitverwenden. Fleisch in die Suppe geben und in 3 Minuten gar ziehen lassen. Lauch zufügen und erhitzen. Suppe mit Salz, Pfeffer und Cayennepfeffer abschmecken und sofort servieren.

Brotsuppe

6 Scheiben Schwarzbrot
4 rote Paprikaschoten
6 Knoblauchzehen
3 EL Sonnenblumenöl
1 l heiße Hühnerbrühe
Salz
schwarzer Pfeffer
Paprikapulver

Schwarzbrot in kleine Würfel schneiden. Paprikaschoten putzen, waschen und ebenfalls würfeln. Knoblauch schälen und fein hacken. Öl erhitzen. Brot, Paprikaschoten und Knoblauch etwa 10 Minuten darin anbraten. Hühnerbrühe angießen und die Suppe etwa 5 Minute leise köcheln lassen. Mit Salz, Pfeffer und Paprikapulver pikant abschmecken.

Gemüsesuppe mit Maisspätzle

75 g Maisgrieß (Polenta)
1 Bund Petersilie
25 g Weizenvollkornmehl
2 Eier
Muskat
Salz
1½ l Gemüsebrühe aus Würfeln gekocht
1 Paket Tiefkühl-Rosenkohl (300 g)
1 Paket Tiefkühl-Suppengemüse (300 g)
2 Bund Schnittlauch

Maisgrieß mehlfein mahlen. Petersilie waschen, Blättchen abzupfen, trockentupfen und fein hacken. Maismehl mit Vollkornmehl, Petersilie, Eiern, Muskatnuß und Salz verrühren. Teig zugedeckt 15 Minuten ruhen lassen, damit das Mehl quellen kann. Wenn er jetzt zu fest ist, tropfenweise Milch unterrühren. Gemüsebrühe zum Kochen bringen und zuerst den Rosenkohl 5 Minuten darin garen. Suppengemüse zugeben und weitere 5 Minuten garen. Teig durch den Spätzlehobel in die sprudelnd kochende Brühe drücken. Sobald die Spätzle an die Oberfläche steigen, sind sie gar. Suppe in eine Terrine füllen. Gewaschenen Schnittlauch in Röllchen schneiden, und die Suppe damit bestreut servieren.

Erbsensuppe

(Abb. Seite 80)

1 Zwiebel
100 g Möhren
1 Stück Sellerie von etwa 150 g
1 kleine Petersilienwurzel
2 EL Öl
1½ l ungesalzene Gemüsebrühe
2 Beutel Erbsensuppe
einige Schinkenschwarten
1 Lorbeerblatt
1 Bund Bohnenkraut
½ Paket Tiefkühl-Erbsen
2 Stangen Chicorée
150 g roher Schinken
Cayennepfeffer

Geschälte Zwiebel, Möhren, Sellerie und Petersilienwurzel fein würfeln und im heißen Öl anbraten. Die Gemüsebrühe zugießen. Sobald sie lauwarm ist, Erbsensuppe einrühren. Schinkenschwarten, Lorbeerblatt und gehacktes Bohnenkraut zugeben. Suppe zum Kochen bringen und zugedeckt bei schwacher Hitze 20 Minuten köcheln lassen. Tiefkühl-Erbsen zugeben und weitere 5 Minuten garen. Chicorée putzen, waschen, vom bitteren Strunk befreien und in Scheiben schneiden. In der Suppe erwärmen, aber nicht kochen. Schinken würfeln und die Suppe damit bestreuen.

Kartoffelgulasch mit Sprossen

1 Päckchen getrocknete Spitzmorcheln
1/8 l Wasser
400 g Kartoffeln
Salz
2 Schalotten
1 Knoblauchzehe
1 EL Butterschmalz
250 g gekeimte Mungobohnen
1 Becher Crème fraîche (200 g)
1/8 l Sahne
weißer Pfeffer
2 Bund Petersilie
2 geräucherte Mettwürste

Morcheln im Wasser 6 Stunden einweichen. Abgießen und kalt abspülen, das Einweichwasser dabei auffangen. Einweichwasser durch eine Kaffeefiltertüte gießen. Kartoffeln schälen, würfeln und in Salzwasser garen. Schalotten und Knoblauch schälen und fein hacken. Butterschmalz erhitzen, Schalotten und Knoblauch darin glasig braten. Morcheln zugeben und kurz mitbraten. Einweichwasser der Pilze und Crème fraîche zugießen. Einmal aufkochen und mit Salz und Pfeffer abschmecken. Petersilie waschen, trockenschwenken und fein hacken. Die Hälfte davon zu den Pilzen geben. Mungobohnen zugeben und 5 Minuten mitgaren. Kartoffeln abgießen. Ebenfalls untermischen. Mettwürste einlegen und im Kartoffelgulasch erwärmen. Mit der restlichen Petersilie bestreut servieren.

Linseneintopf

300 g kleine Linsen
2 Schalotten
50 g durchwachsener Räucherspeck
2 Möhren
2 Kartoffeln
2 Tomaten
2 EL Öl
½ l Fleischbrühe
Salz
1 Prise Zucker
2 EL milder Rotweinessig
2 geräucherte Mettwürste

Linsen in reichlich kochendem Wasser ohne Salz etwa 20 Minuten vorgaren. Inzwischen Schalotten schälen und fein würfeln. Speck ebenfalls würfeln. Möhren schaben, waschen und in Stifte teilen. Kartoffeln schälen, waschen und grob würfeln. Tomaten häuten und vierteln. Dabei Kerne und Stielansätze entfernen. Linsen abgießen und abtropfen lassen. Öl in einem Topf erhitzen und den Speck darin bei schwacher Hitze ausbraten. Schalotten zugeben und glasig braten. Gemüse und Linsen ebenfalls zufügen und unter Rühren kurz anbraten. Fleischbrühe zugießen und den Eintopf etwa 20 Minuten zugedeckt köcheln lassen. Mit Salz, Zucker und Essig pikant abschmecken. Mettwürste einlegen und in dem Linseneintopf erhitzen.

Bohneneintopf mit Kartoffeln

100 g schwarze Bohnen
100 g Kichererbsen
2 Zwiebeln
1 Knoblauchzehe
150 g durchwachsener Speck
3 Kartoffeln
2 Fleischtomaten
¼ l Fleischbrühe
Salz
schwarzer Pfeffer
Chilipulver
Paprikapulver
1 Bund Petersilie
2 Knoblauchwürste

Bohnen und Kichererbsen kalt abspülen, mit Wasser bedecken und 12 Stunden einweichen. Dann im Einweichwasser zum Kochen bringen und 90 Minuten leise köcheln lassen. Inzwischen

Zwiebeln und Knoblauch schälen und fein hacken. Speck fein würfeln. Kartoffeln schälen und ebenfalls würfeln. Tomaten häuten und pürieren, dabei Stielansätze entfernen. Speck in einem Topf ohne Fettzugabe ausbraten. Zwiebeln und Knoblauch zugeben und glasig braten. Kartoffelwürfel ebenfalls zugeben und mitbraten. Bohnen und Kichererbsen abgießen und untermischen. Fleischbrühe und Tomatenpüree zufügen und den Eintopf mit Salz, Pfeffer, Chili und Paprika pikant abschmecken. Zugedeckt weitere 15 Minuten garen. Petersilie waschen, trockenschwenken und fein hacken. Knoblauchwürste in Scheiben schneiden, unter den Eintopf mischen und heiß werden lassen. Die Hälfte der Petersilie ebenfalls untermischen. Eintopf mit der restlichen Petersilie bestreut servieren.

Maistopf mit Hack

3 Zwiebeln
2 Knoblauchzehen
je 1 rote und grüne Paprikaschote
2 Dosen Zuckermais (je 240 g)
3 EL Öl
400 g Rinderhack
1/8 l Fleischbrühe
1 Bund Basilikum
Salz
schwarzer Pfeffer
Tabascosauce nach Geschmack

Zwiebeln und Knoblauch schälen und fein hacken. Paprikaschoten putzen, waschen und in feine Streifen schneiden. Zuckermais gründlich abtropfen lassen. Öl erhitzen. Zwiebeln und Knoblauch darin glasig braten. Rinderhack zugeben und so lange mitbraten, bis es sich grau verfärbt und krümelig ist. Paprikaschoten und Mais untermischen, Fleischbrühe angießen und den Maistopf zugedeckt etwa 10 Minuten schmoren, bis die Paprikastreifen weich sind. Inzwischen Basilikum waschen, trockentupfen und grob hacken. Den Maistopf mit Salz, Pfeffer und Tabascosauce würzen. Das gehackte Basilikum untermischen.

Graupentopf mit Kräutern

1 große Zwiebel
2 Knoblauchzehen
200 g Graupen
1 EL Sonnenblumenöl
0,35–0,40 l Gemüsebrühe
Salz
weißer Pfeffer
1 Päckchen gemischte Tiefkühl-Kräuter
1 EL Butter
4 EL Crème fraîche

Zwiebel und Knoblauch schälen und fein hacken. Graupen auf ein Sieb geben, kalt abspülen und abtropfen lassen. Öl erhitzen. Zwiebel und Knoblauch darin glasig braten. Graupen zugeben und unter Rühren mitbraten, bis sie vom Fett überzogen sind. Gemüsebrühe zugießen und einmal aufkochen. Graupen mit Salz und Pfeffer würzen und zugedeckt bei schwacher Hitze etwa 25 Minuten köcheln lassen. Kräuter, Butter und Crème fraîche mit einer Gabel unter die Graupen ziehen.

Roggentopf

Für 6 Personen:
200 g Roggenkörner
½ l Wasser
200 g Champignons
1 EL Zitronensaft
400 g Möhren
400 g Lauch
1 Zwiebel
2 Knoblauchzehen
4 EL Öl
⅛ l Sojasauce
Salz
schwarzer Pfeffer
1 EL Schnittlauchröllchen

Roggen mit Wasser zum Kochen bringen und 1 Stunde leise köcheln lassen. Dann auf der abgeschalteten Kochplatte eine weitere Stunde ausquellen lassen. Champignons putzen, gegebenenfalls waschen und blättrig schneiden. Sofort mit dem Zitronensaft beträufeln. Möhren schaben, waschen und in Stifte schneiden. Lauch putzen, waschen und in Ringe teilen. Zwiebel und Knoblauch schälen und fein hacken. Öl erhitzen. Zwiebel und Knoblauch darin glasig braten. Pilze und Möhren zufügen und anbraten. Roggen mit dem verbliebenen Kochwasser zugeben und kurz mitschmoren. Sojasauce zugießen. Roggen zugedeckt etwa 5 Minuten garen. Lauch untermischen und alles weitere 5 Minuten schmoren. Roggentopf mit Salz und Pfeffer abschmecken. Mit Schnittlauch bestreut sofort servieren.

Dicke Bohnen mit Sahne

(Abb. Seite 81)

500 g Tomaten
250 g Zwiebeln
2 Knoblauchzehen
2 EL Öl
2 Pakete Tiefkühl-Dicke Bohnen
¼ l ungesalzene Gemüsebrühe
⅛ l Sahne
2–3 getrocknete rote Pfefferschoten
1 EL getrockneter Oregano
1 rote Paprikaschote
1 Bund Petersilie
Salz

Tomaten häuten und würfeln, dabei Stielansätze entfernen. Zwiebeln und Knoblauchzehen schälen und fein hacken. Öl erhitzen, Zwiebeln unter Rühren darin glasig braten. Den Knoblauch und die Tomaten hinzufügen und schmoren, bis sich Flüssigkeit bildet. Bohnen, Gemüsebrühe und Sahne zugießen. Pfefferschoten zwischen den Fingern zerreiben und einen Teil der brennendscharfen Kerne wegwerfen, sonst wird das Gericht zu scharf. Oregano ebenfalls fein zerreiben und mit den Pfefferschoten unter die Bohnen mischen. Bohnen zugedeckt bei schwacher Hitze etwa 15 Minuten garen. Paprikaschote putzen, waschen und in Streifen schneiden. Unter die Bohnen mischen, und alles weitere 15 Minuten garen. Petersilie waschen, trockenschwenken und fein hacken. Bohnengemüse mit Salz abschmecken und mit der Petersilie bestreut servieren.

Beilagen: Naturreis und gemischter Rohkostsalat.

Kichererbsen mit Spinat und Sahne

(Abb. Seite 128)

500 g Kichererbsen
2½ l Wasser
1 Lorbeerblatt
2 Zweige frischer Thymian
1 Würfel Gemüsebrühe
750 g Spinat
500 g Tomaten
1 große Zwiebel
2 Knoblauchzehen
4 EL Öl
2 kleine Stangen Lauch (Porree)
3 Bund Petersilie
¼ l Sahne
Salz
weißer Pfeffer

Kichererbsen mit Wasser übergießen und zugedeckt über Nacht einweichen. Am nächsten Tag im Einweichwasser mit Lorbeerblatt und Thymian zum Kochen bringen und zugedeckt bei schwacher Hitze etwa 2 Stunden kochen lassen. Brühwürfel zugeben und weitere 30 Minuten garen. Inzwischen Spinat verlesen, waschen und abtropfen lassen. Tomaten häuten und vierteln, dabei die Stielansätze herausschneiden. Zwiebel und Knoblauchzehen schälen und hacken. Kichererbsen abgießen. Kochwasser dabei auffangen, erneut zum Kochen bringen und den Spinat darin zusammenfallen lassen. Öl erhitzen, Zwiebel und Knoblauch darin glasig braten. Tomaten zugeben und 5 Minuten schmoren. Kichererbsen und Spinat mit dem Gemüsewasser dazugeben und erhitzen. Lauch putzen, längs halbieren, waschen und in hauchdünne Streifen schneiden. Gewaschene Petersilie mit der Sahne im Mixer pürieren. Kichererbsen mit Salz und Pfeffer abschmecken. Lauch und Petersiliensahne daruntermischen und alles noch einmal 5 Minuten durchziehen lassen.

Beilagen: Vollkornnudeln, Naturreis oder auch Vollkornbrot mit Knoblauchbutter. Sie können die Kichererbsen jedoch ebensogut als Gemüsebeilage zu kurzgebratenem Fleisch servieren.

Gemüse mit Nudeln

150 g Weizenmehl Type 1050
Salz
1 Ei
1–3 Eigelb
1 EL Sonnenblumenöl
1 Aubergine
300 g Paprikaschoten
500 g Tomaten
1 Gemüsezwiebel
2 Knoblauchzehen
4 EL Olivenöl
⅛ l Gemüsebrühe
2 Zweige frischer Rosmarin
schwarzer Pfeffer
½ Bund Basilikum
2–3 EL geriebener Parmesankäse

Für den Nudelteil Mehl mit Salz, Ei, zunächst nur 2 Eigelb und Öl verkneten. Wenn der Teig bröckelig, also zu fest ist, restliches Eigelb darunterkneten. Wenn er zu weich ist, Mehl zugeben. Teig in Folie wickeln und 30 Minuten ruhen lassen, damit das Mehl quellen kann. Teig dann auf einer bemehlten Arbeitsfläche dünn ausrollen und in breite Nudeln teilen. Nudeln auf Küchentüchern ausbreiten und etwa 1 Stunde trocknen lassen. Aubergine waschen, abtrocknen, vom Stiel- und Blütenansatz befreien, würfeln, mit Salz bestreuen und etwa 10 Minuten ziehen lassen. Paprikaschoten putzen, vierteln, waschen, abtrocknen und in Streifen schneiden. Tomaten häuten und längs vierteln, dabei die Stielansätze entfernen. Zwiebel und Knoblauch schälen und hacken. Öl in einer Pfanne erhitzen. Auberginen und Paprikaschoten darin rundherum anbraten. Tomaten darauflegen, Gemüsebrühe dazugießen. Rosmarinnadeln abstreifen und darüberstreuen. Alles mit Pfeffer würzen, einmal aufkochen und zugedeckt bei schwacher Hitze etwa 15 Minuten garen. Inzwischen etwa 2 l Wasser mit Salz zum Kochen bringen. Nudeln darin in etwa 6 Minuten kernig weich kochen. Basilikum waschen, Blätter abzupfen, trockentupfen und hacken. Nudeln abgießen und abtropfen lassen. Mit Gemüse, Basilikum und Käse mischen und sofort servieren.

Linsen mit Spätzle

250 g Weizenvollkornmehl
4–5 Eier
Salz
etwa 3 EL Wasser
4 Zwiebeln
1 EL Öl
200 g braune Linsen
$^3/_4$ l Fleischbrühe
1 Lorbeerblatt
1 EL getrockneter Majoran
50 g Butterschmalz
2–3 EL Rotweinessig
schwarzer Pfeffer

Mehl mit Eiern, Salz und Wasser zu einem zähflüssigen Spätzleteig verrühren und zugedeckt etwa 30 Minuten ruhen lassen. Zwiebeln schälen, 1 Zwiebel fein hacken, die anderen in dünne Ringe schneiden. Öl erhitzen und die gehackte Zwiebel bei mittlerer Hitze darin glasig braten. Linsen zufügen. Die Fleischbrühe, Lorbeerblatt und den Majoran dazugeben, alles einmal aufkochen und zugedeckt bei schwacher Hitze etwa 40 Minuten garen. Butterschmalz in einer Pfanne erhitzen und die Zwiebelringe darin zugedeckt bei schwacher Hitze 5 Minuten, dann ohne Deckel unter häufigem Rühren in etwa 15 Minuten weich und goldgelb braten. Etwa 4 l Wasser zum Kochen bringen. Den Teig portionsweise vom Brett schaben oder durch den Spätzlehobel in das sprudelnd kochende Wasser drücken. Die Spätzle garen, bis sie an die Oberfläche steigen, mit einem Schaumlöffel herausnehmen und in einer vorgewärmten Schüssel warm halten. Linsen mit dem Essig, Salz und Pfeffer abschmecken, mit den Spätzle mischen und mit den Zwiebelringen belegt anrichten.

Weizen in Tomaten-Thymian-Sahne

200 g Weizen
400 ccm Wasser
500 g Tomaten
1 Bund Frühlingszwiebeln
2 Knoblauchzehen
5 Zweige frischer Thymian
je 1 EL Öl und Butter
1 Becher Sahne (200 g)
Salz
schwarzer Pfeffer
1 EL gehackte Petersilie

Weizen mit Wasser zum Kochen bringen und zugedeckt bei schwacher Hitze 1 Stunde kochen. Topf vom Herd ziehen und den Weizen 1 weitere Stunde quellen lassen. Inzwischen Tomaten häuten und würfeln, dabei Stielansätze und Kerne entfernen. Frühlingszwiebeln putzen, waschen und mit etwa zwei Drittel ihres Grüns in dünne Ringe schneiden. Knoblauchzehen schälen und fein hacken. Thymian waschen, Blättchen von den Stielen streifen und trockentupfen. Öl und Butter erhitzen, Zwiebeln, Knoblauch und Thymian darin bei schwacher Hitze unter Rühren anschwitzen. Weizen gegebenenfalls abgießen, hinzufügen und kurz mitschmoren. Sahne daruntermischen. Die Tomaten auf den Weizen legen und mit Salz und Pfeffer würzen. Das Gericht zugedeckt 10—15 Minuten bei schwacher Hitze garen, vorsichtig umrühren und mit der Petersilie bestreut servieren.

Beilage: Gemischter Salat mit Kräutern und Sonnenblumenkernen.

Backofengerichte

Kartoffelklößchen mit Tomatensauce

500 g Tomaten
1 Zwiebel
2 Knoblauchzehen
2 EL Olivenöl
30 g Dost
2 Zweige Thymian
einige Rosmarinnadeln
Salz
schwarzer Pfeffer
500 g mehlige Kartoffeln
2 Bund Petersilie
1 Bund Basilikum
150 g Weizenvollkornmehl
50 g Vollkorngrieß
1 Ei
1 Eigelb
Muskat
Butter für die Form
40 g geriebener Parmesankäse

Tomaten häuten, von Stielansätzen und Kernen befreien und in Stücke schneiden. Zwiebel und Knoblauch schälen und hacken. Im heißen Öl glasig braten. Dost, Thymian und Rosmarin waschen und trockenschwenken. Tomaten, zerkleinerten Dost, abgezupfte Thymianblättchen und Rosmarin ins Öl geben. Mit Salz und Pfeffer würzen. Zugedeckt bei kleiner Hitze etwa 50 Minuten schmoren. Inzwischen Kartoffeln waschen und in der Schale weich kochen. Ausdämpfen lassen, schälen und heiß durch die Presse drücken. Petersilie und Basilikum waschen, trockenschwenken und fein zerkleinern. Kräuter mit Kartoffeln, Mehl, Grieß, Ei, Eigelb, Salz, Pfeffer und Muskat zu einem nicht zu festen, jedoch formbaren Teig verarbeiten. Sollte der Teig zu weich sein, noch Grieß untermischen. Ist er zu fest, noch ein Eigelb zugeben. Mit 2 Teelöffeln Klößchen abstechen und in reichlich Salzwasser so lange kochen, bis sie an die Oberfläche steigen. Klößchen mit einem Schaumlöffel herausheben und abtropfen lassen. Eine ofenfeste Form mit Butter ausstreichen. Klößchen nebeneinander hineinlegen und mit der Tomatensauce übergießen. Mit Parmesankäse bestreuen und bei 225° /Gas Stufe 5 so lange überbacken, bis der Käse leicht gebräunt ist.

Überbackene Pilze

½ Zitrone
125 g Champignons
125 g gekeimte Mungobohnen
1 Zwiebel
1 Knoblauchzehe
1 Bund Petersilie
150 g Raclette
1 EL Olivenöl
Salz
weißer Pfeffer
1 EL Kürbiskerne

Zitrone auspressen. Pilze putzen, gegebenenfalls waschen und blättrig schneiden. Pilze mit Zitronensaft beträufeln, damit sie sich nicht zu stark verfärben. Mungobohnen waschen und unabgetropft in einem Topf erhitzen. Etwa 3 Minuten vorgaren. Zwiebel und Knoblauch schälen und fein hacken. Petersilie waschen, trockenschwenken und ebenfalls fein zerkleinern. Raclette in kleine Würfel schneiden. Olivenöl erhitzen, Zwiebel und Knoblauch darin glasig braten. Pilze zugeben und bei starker Hitze unter Rühren so lange mitbraten, bis die Flüssigkeit, die sich dabei bildet, wieder verdampft ist. Mit Salz und Pfeffer würzen und auf 4 feuerfeste flache Förmchen verteilen. Petersilie darüberstreuen. Käsewürfel und Kürbiskerne über den Pilzen verteilen. Förmchen in den heißen Backofen stellen und die Pilze bei etwa 200° etwa 15 Minuten überbacken, bis der Käse zerlaufen und schön gebräunt ist.

Überbackener Fenchel

400 g Fenchel
je 50 g gekeimte Sonnenblumenkerne und Weizenkörner
75 g mittelalter Gauda
1 Bund Petersilie
⅛ l Hühnerbrühe
Salz
schwarzer Pfeffer

Fenchel putzen, halbieren und waschen. Jeweils den Strunk herausschneiden und den Fenchel in nicht zu kleine Stücke schneiden. Fenchelgrün beiseite legen. Gekeimte Sonnenblumenkerne und Weizenkörner waschen und abtropfen lassen. Käse nicht zu fein reiben. Petersilie waschen, trockentupfen und zusammen mit dem Fenchelgrün fein hacken. Brühe zum Kochen bringen. Fenchelstücke und Keime darin etwa 3 Minuten vorgaren. Abtropfen lassen und auf 4 feuerfeste flache Förmchen verteilen. Gemüse mit Salz und Pfeffer würzen und mit Petersilie und Fenchelgrün bestreuen. Käse darüber verteilen. Förmchen in den vorgeheizten Ofen schieben und die Gemüse bei 200° 20—25 Minuten überbacken, bis der Käse zerlaufen und schön gebräunt ist.

Graupenauflauf

1 Zwiebel
1 Knoblauchzehe
200 g Graupen
1 EL Öl
½ l Gemüsebrühe
500 g Blattspinat
4 Eier
100 g geriebener Emmentaler
Salz
weißer Pfeffer
Muskat
1 EL Butter

Zwiebel und Knoblauch schälen und fein hacken. Graupen kalt waschen und abtropfen lassen. Öl erhitzen. Zwiebel und Knoblauch darin glasig braten. Graupen zugeben und unter Rühren so lange mitbraten, bis die Körner vom Öl überzogen sind. Gemüsebrühe zugießen, einmal aufkochen und die Graupen zugedeckt 15 Minuten köcheln lassen. Inzwischen Spinat gründlich waschen und in reichlich sprudelnd kochendem Wasser etwa 1 Minuten blanchieren. Spinat abgießen, kalt abschrecken und fein hacken. Graupen lauwarm abkühlen lassen. Eier trennen, Eigelb, Spinat und Käse unter die Graupen mischen. Mit Salz, Pfeffer und Muskat abschmecken. Eiweiß mit einer Prise Salz sehr steif schlagen und vorsichtig unter die Masse ziehen. Eine Auflaufform mit etwas Butter ausstreichen. Masse einfüllen, glattstreichen und mit der restlichen Butter in Flöckchen belegen. Form in den heißen Backofen schieben und den Auflauf bei 200° etwa 40 Minuten backen.

Gratinierter Grieß

¼ l Fleischbrühe
¼ l Milch
Salz
weißer Pfeffer
Muskatnuß
100 g Maisgrieß
2 Eier
150 g geriebener Emmentaler
Butter für die Form und zum Belegen
300 g Tomaten
1 Päckchen gemischte Tiefkühl-Kräuter

Brühe mit Milch, wenig Salz, Pfeffer und Muskatnuß einmal aufkochen. Topf vom Herd ziehen und den Grieß langsam einrühren. Grieß auf der abgeschalteten Kochplatte etwa 10 Minuten zugedeckt quellen und dann etwas abkühlen lassen. Eier mit einer Gabel verquirlen, bis sie leicht schaumig sind. Eier und die Hälfte des Emmentalers unter den Grießbrei mischen. Eine feuerfeste Form einfetten. Grießmasse einfüllen und glattstreichen. Tomaten waschen und in Scheiben schneiden, dabei die Stielansätze entfernen. Die Scheiben auf der Grießmasse verteilen und alles im heißen Backofen bei 200° 5 Minuten backen. Temperatur auf 250° hochschalten und weitere 10 Minuten backen. Restlichen Emmentaler mit den Kräutern mischen und auf dem Grieß verteilen. Käse-Kräuter-Schicht mit Butterflöckchen belegen und den Grieß noch einmal 10 Minuten backen, bis er schön gebräunt ist.

Pie mit Pilzen und Sprossen

200 g Weizenmehl
Type 1700
1 Eigelb
1 EL kaltes Wasser
Salz
100 g Butter
500 g Champignons
1 Zwiebel
1 Bund Petersilie
je 150 g gekeimte Mungobohnen und Kichererbsen
20 g Butter
schwarzer Pfeffer
1 Becher Crème fraîche (200 g)
1 Eigelb
1 EL süße Sahne
1 kg Tomaten
6 Zweige frischer Thymian
1 EL Olivenöl
1 Prise Zucker

Mehl auf eine Arbeitsfläche häufen und in die Mitte eine Mulde drücken. Eigelb, Wasser und Salz hineingeben. Kalte Butter in Stücken auf dem Rand verteilen. Alle Zutaten rasch zu einem glatten Teig verkneten. Teig in Folie wickeln und im Kühlschrank etwa 45 Minuten ruhen lassen. Inzwischen Pilze putzen, gegebenenfalls waschen, und blättrig schneiden. Zwiebel schälen und fein hacken. Petersilie waschen, trockenschwenken und fein zerkleinern. Keimlinge kalt abspülen und abtropfen lassen. Butter zerlassen und die Zwiebel darin glasig braten. Pilze, Keimlinge und Petersilie zugeben und bei starker Hitze so lange braten, bis alle Flüssigkeit, die sich gebildet hat, wieder verdampft ist. Dabei nach und nach Crème fraîche zugeben und jeweils einkochen lassen. Pilz-Sprossen-Gemüse mit Salz und Pfeffer würzen und in eine feuerfeste Form füllen. Mit etwa zwei Drittel des Teiges abdecken. Teig am Rand der Form gut andrücken und mit einer Gabel mehrmals einstechen. Restlichen Teig ausrollen und zu beliebigen Formen ausstechen. Eigelb mit Sahne verquirlen, Teigdeckel damit bestreichen und mit den Formen verzieren. Diese ebenfalls mit Eigelb bepinseln. Pie bei 220° 30—35 Minuten backen. Währenddessen Tomaten häuten und würfeln. Thymian waschen, trockenschwenken und die Blättchen abstreifen. Öl erhitzen und den Thymian darin anschwitzen. Tomaten zugeben und nur so lange garen, bis sie heiß sind und Flüssigkeit gebildet haben. Tomaten mit Salz, Pfeffer und Zucker abschmecken. Tomaten zur Pie servieren.

Erbsensuppe (Rezept S. 66) ▷

Vollkornpizza mit Schinken und Pilzen

Für 2—4 Personen:

300 g Weizenmehl Type 1050
30 g Hefe
⅛ l lauwarmes Wasser
1 EL Öl
1 Eigelb
1 EL Magerquark
Salz
750 g Tomaten
etwa 400 g Mozzarella
150 g Schinken
150 g Egerlinge
1 Bund Basilikum
1 Zweig frischer Thymian
3 EL Olivenöl
Mehl zum Ausrollen
2 TL getrockneter Oregano
2 EL geriebener Parmesan
schwarzer Pfeffer

Mehl in eine Schüssel geben, in die Mitte eine Mulde drücken und Hefe hineinbröckeln. Hefe mit 2 EL lauwarmem Wasser und wenig Mehl zum Vorteig mischen. Zugedeckt an einem warmen Ort 15 Minuten gehen lassen. Restliches Wasser, Öl, Eigelb, Quark und Salz untermischen. Teig kneten, bis er Blasen wirft. Teig noch einmal 30 Minuten warm gehen lassen. Inzwischen Tomaten häuten. Die Hälfte der Tomaten klein würfeln, die restlichen in Scheiben schneiden. Kerne sowie Stielansätze entfernen. Mozzarella abtropfen lassen und ebenfalls in Scheiben schneiden. Schinken von Fetträndern befreien und grob würfeln. Pilze putzen, gegebenenfalls kurz waschen, und blättrig schneiden. Basilikum und Thymian kalt abspülen und trockenschwenken. Basilikum fein hacken, Thymianblättchen vom Stiel streifen. Ein Backblech mit Öl einfetten. Teig in zwei Portionen teilen und jeweils auf etwas Mehl zu einer dünnen, möglichst runden Platte ausrollen. Platten auf das Backblech legen und weitere 10 Minuten gehen lassen. Teigplatten mehrmals mit einer Gabel einstechen. Gewürfelte Tomaten, dann Tomatenscheiben, Schinken und Pilze auf dem Teig verteilen. Alles mit Parmesan, Basilikum, Thymian, Oregano, Salz und Pfeffer bestreuen. Mozzarellascheiben darauflegen und mit dem restlichen Öl beträufeln. Pizza bei 200° 15—20 Minuten backen, bis die Teigränder knusprig sind und der Mozzarella weich und leicht gebräunt ist.

◁ *Dicke Bohnen mit Sahne (Rezept S. 71)*

Lasagne mit Tofu und Mangold

Für 6 Personen:

150 g Weizenmehl Type 1050
Salz
1 Ei
1–3 Eigelb
1 EL Öl
1 kg Mangold
1 Zwiebel
1 Knoblauchzehe
500 g Tofu
weißer Pfeffer
Muskat
¼ l süße Sahne
100 g geriebener Parmesan
Öl für die Form
20 g Butter

Mehl mit Salz, Ei, 1 Eigelb und Öl zu einem Nudelteig verkneten. Der Teig darf nicht kleben. Sollte er jedoch zu fest sein, 1 oder 2 weitere Eigelb unterkneten. Teig in Folie wickeln und ruhen lassen, damit das Mehl quellen kann. Inzwischen den Mangold waschen und in etwa 1 cm lange Stücke schneiden. Portionsweise in sprudelnd kochendem Salzwasser etwa 1 Minute blanchieren. Mit einem Schaumlöffel herausnehmen, abtropfen lassen und mit einem Holzlöffel ausdrücken, damit der Mangold möglichst wenig Flüssigkeit enthält. Mangold fein hacken. Zwiebel und Knoblauch schälen und klein würfeln. Tofu abtropfen lassen. Etwa drei Viertel davon fein zerdrücken. Tofu-Püree mit Mangold, Zwiebel und Knoblauch mischen und mit Salz, Pfeffer und Muskat abschmecken. Restlichen Tofu mit Sahne im Mixer pürieren und mit Parmesan mischen. Den Nudelteig in Portionen teilen und möglichst dünn ausrollen oder durch die Nudelmaschine drehen. Eine flache, feuerfeste Form mit Öl ausstreichen und lagenweise Nudelblätter und Mangoldmischung einfüllen. Die letzte Schicht soll ein Nudelblatt sein. Mit der Tofusahne übergießen und im heißen Backofen bei 220° etwa 45 Minuten backen, bis die Oberfläche schön gebräunt ist.

Tomaten, gefüllt mit Grünkern

200 g Grünkern
0,35 l Wasser
8 große Tomaten
1 grüne Paprikaschote
1 Zwiebel
3 Knoblauchzehen
1 Bund Petersilie
2 Zweige frischer Thymian
½ EL Butter
Salz
schwarzer Pfeffer
200 g Greyerzer
1 Prise Zucker
150 g Mozzarella

Grünkern mit Wasser zum Kochen bringen und zugedeckt eine Stunde köcheln lassen. Vom Herd nehmen und im geschlossenen Topf ausquellen lassen. Inzwischen Tomaten waschen und abtrocknen. Jeweils einen Deckel abschneiden und die Stielansätze heraustrennen. Tomaten aushöhlen. Kerne entfernen. Ausgehöhltes Fruchtfleisch sowie die Deckel klein würfeln und in einem Sieb abtropfen lassen. Paprikaschote putzen, waschen und ebenfalls würfeln. Zwiebel und Knoblauch schälen und fein hacken. Petersilie und Thymian waschen, trockenschwenken und fein zerkleinern. Grünkern abtropfen lassen. Butter zerlassen. Zwiebel und Knoblauch darin glasig braten. Thymian zugeben und kurz mitbraten. Paprikaschote und Grünkern ebenfalls unter Rühren mitschmoren. Die Hälfte des gewürfelten Tomatenfleischs zufügen und so lange schmoren, bis die Flüssigkeit vollkommen verdampft ist. Masse mit Salz und Pfeffer würzen und etwas abkühlen lassen. Inzwischen Käse fein würfeln. Mit der Petersilie unter den Grünkern mischen. Tomaten innen leicht salzen und mit der Mischung füllen. Restliches Tomatenfleisch mit Salz, Pfeffer und Zucker würzen und in eine feuerfeste Form geben. Gefüllte Tomaten in die Form setzen. Mozzarella abtropfen lassen, in dünne Scheiben schneiden und auf den Tomaten verteilen. Tomaten im vorgeheizten Ofen bei 220° etwa 15—20 Minuten überbacken, bis der Mozzarella leicht gebräunt ist.

Nudelauflauf mit Spinat

300 g Spinat
Salz
2 Tomaten
1 Bund Petersilie
3 Eier
1 Becher Crème fraîche (150 g)
200 g geriebener Emmentaler
300 g gegarte Vollkorn-Hörnchennudeln
Salz
weißer Pfeffer
40 g Butter

Spinat verlesen, waschen und in reichlich kochendem Salzwasser eine Minute blanchieren. Abschrecken, abtropfen lassen und grob hacken. Tomaten häuten und würfeln, dabei Kerne und Stielansätze entfernen. Petersilie waschen, trockenschwenken und fein hacken. Eier trennen. Spinat, Tomaten, Petersilie, Eigelb, Crème fraîche und Käse mit den Nudeln mischen. Masse mit Salz, Pfeffer und Muskat abschmecken. Eiweiß mit Salz steif schlagen und unter die Nudeln ziehen. Eine feuerfeste Form mit etwas Butter ausstreichen, Nudelmasse einfüllen und mit der restlichen Butter in Flöckchen belegen. Nudelauflauf im vorgeheizten Backofen bei 220° etwa 30 Minuten backen, bis er leicht gebräunt ist.

Überbackene Hirse

200 g Hirse
1 Zwiebel
1 Knoblauchzehe
1 EL Butter
1 l Gemüsebrühe
500 g Zucchini
300 g Tomaten
2 EL Olivenöl
2 EL getrockneter Oregano
1 Zitrone
Salz
schwarzer Pfeffer
250 g mittelalter Gouda

Hirse waschen, verlesen und abtropfen lassen. Zwiebel und Knoblauch schälen und fein hacken. Butter erhitzen und Zwiebel und Knoblauch darin glasig braten. Hirse zugeben und anbraten. Gemüsebrühe zugießen, einmal aufkochen und die

Hirse bei schwacher Hitze 20 Minuten köcheln lassen. Zucchini waschen, von den Stiel- und Blütenansätzen befreien und in Stifte schneiden. Tomaten häuten, von Stielansätzen und Kernen befreien und würfeln. Öl erhitzen. Zucchini und Tomaten zugeben und braten, bis die Flüssigkeit, die sich bildet, wieder verdampft ist. Oregano untermischen und die Hirse mit Salz und Pfeffer würzen. Zitrone auspressen und den Saft ebenfalls unter die Hirse mischen. Käse fein reiben. Gemüse und die Hälfte des Käses mit der Hirse vermengen. In eine feuerfeste Form füllen, glattstreichen und mit dem restlichen Käse bestreuen. Im vorgeheizten Backofen bei 200° etwa 30 Minuten backen.

Grünkernklößchen in Gorgonzolasahne

150 g Grünkern, grob geschrotet
0,3 l Wasser
150 g Weizenmehl Type 1050
50 g Weizenvollkorngrieß
2 Eier
2 EL saure Sahne
1 Päckchen Tiefkühl-Kräuter
Salz
weißer Pfeffer
Muskat
30 g Butter
150 g Gorgonzola
¼ l Sahne

Grünkern mit Wasser einmal aufkochen und zugedeckt 20 Minuten köcheln lassen. Auf der abgeschalteten Kochplatte eine Stunde quellen lassen. Dann mit Mehl, Grieß, Eiern, saurer Sahne und Kräutern zu einem formbaren Teig mischen. Mit Salz, Pfeffer und Muskat abschmecken. Vom Teig mit Teelöffeln Klößchen abstechen und in reichlich sprudelnd kochendem Salzwasser garen, bis sie an die Oberfläche steigen. Herausheben, abtropfen lassen und in eine, mit wenig Butter ausgestrichene feuerfeste Form legen. Gorgonzola zerdrücken und in der Sahne so lange erwärmen, bis er geschmolzen ist. Mit Pfeffer und Muskat abschmecken und über die Klößchen gießen. Die restliche Butter in Flöckchen darauf verteilen. Klößchen im vorgeheizten Backofen bei 220° etwa 15 Minuten überbacken, bis die Käsesahne leicht gebräunt ist.

Hefetaschen mit Gemüse

Für den Teig:
500 g Weizenmehl
Type 1050
1 Päckchen Hefe
⅛ l lauwarmes Wasser
⅛ l Öl
1 Eigelb
Salz

Für die Zwiebelfüllung:
300 g Zwiebeln
2 Knoblauchzehen
2 EL Öl
4 EL saure Sahne
1 Ei
1 Päckchen gemischte
Tiefkühl-Kräuter
1 EL Kümmel
1 TL getrockneter Thymian
weißer Pfeffer

Für die Tomatenfüllung:
300 g Tomaten
150 g Schafkäse
1 Knoblauchzehe
2 Bund Basilikum
2 EL Pinienkerne
2 EL Vollkornbrösel
schwarzer Pfeffer
1 Prise Zucker

Kohlrabifüllung:
300 g Kohlrabi
1 Bund Petersilie
1 Bund Schnittlauch
75 g Emmentaler
2 EL Crème fraîche
1 Ei
3 EL Sesamkörner
Muskat
Cayennepfeffer
Mehl zum Ausrollen
1 Ei
1 EL süße Sahne
1 EL Öl

Mehl in eine Schüssel geben, in die Mitte eine Mulde drücken und die Hefe hineinbröckeln. Hefe mit 2 EL Wasser und wenig Mehl zum Vorteig rühren. Zugedeckt an einem warmen Ort 15 Minuten gehen lassen. Das restliche Wasser, Öl, Eigelb und Salz zugeben und alles vermischen. Teig kneten, bis er Blasen wirft. Weitere 60 Minuten warm gehen lassen. Inzwischen für die Zwiebelfüllung Zwiebeln schälen und in dünne Ringe hobeln. Knoblauch schälen und hacken. Öl erhitzen. Zwiebelringe und Knoblauch darin glasig braten und abkühlen lassen. Saure Sahne, Ei, Kräuter, Kümmel und Thymian untermischen. Füllung mit Salz und Pfeffer abschmecken. Für die Tomatenfüllung Tomaten häuten und würfeln, dabei Stielansätze und Kerne entfernen. Schafkäse würfeln. Knoblauch schälen und fein hacken. Basilikum waschen, trockentupfen und fein zerkleinern. Alle Zutaten mit Vollkornbrotbröseln mischen. Mit Salz, Pfeffer und Zucker abschmecken. Für die Kohlrabifüllung Kohlrabi schälen und raspeln. Petersilie und Schnittlauch waschen, trockentupfen und fein zerkleinern. Käse reiben. Alles mit Crème fraîche und Sesam mischen und mit Salz, Muskat und Cayennepfeffer abschmecken. Teig noch einmal durchkneten und in 6 Portionen teilen. Jede Portion zu einer runden Platte ausrollen und weitere 15 Minuten gehen lassen. Ei trennen. Eigelb mit Sahne verquirlen und beiseite stellen. Jede Teigplatte jeweils zur Hälfte mit den Gemüsefüllungen belegen. Ränder mit Eiweiß bestreichen. Teigplatten zusammenklappen, Ränder gut andrücken und die Taschen mehrmals einstechen. Backblech mit Öl einfetten, Hefetaschen darauflegen und mit Eigelb bepinseln. Hefetaschen bei 200° jeweils 30 Minuten backen.

Kartoffelgratin mit Rosenkohl und Sprossen

250 g Rosenkohl
500 g Kartoffeln
150 g gekeimte Weizenkörner
Salz
weißer Pfeffer
150 g Mozzarella
30 g geriebener Parmesan
2 Becher Sahne (je 200 g)

Rosenkohl putzen, waschen und in dünne Scheiben schneiden. Kartoffeln schälen, waschen und mit dem Gurkenhobel ebenfalls in dünne Scheiben teilen. Mit Küchenpapier sorgfältig trockentupfen. Weizen kalt abspülen und abtropfen lassen. Kartoffelscheiben, Rosenkohl und Weizenkörner abwechselnd in eine feuerfeste Form schichten, dabei jede Lage mit Salz und Pfeffer bestreuen. Mozzarella abtropfen lassen und klein würfeln. Mit dem Parmesan auf dem Gratin verteilen. Sahne seitlich angießen. Gratin im vorgeheizten Backofen bei 220° etwa 45 Minuten backen. Dabei eventuell noch etwas Sahne nachgießen.

Polenta-Auflauf

150 g Maisgrieß (Polenta)
knapp ¾ l Wasser
Salz
2 EL gehackte Petersilie
je 500 g Auberginen und Tomaten
2 Zwiebeln
2 Knoblauchzehen
2 Zweige frischer Rosmarin
3 frische Salbeiblättchen
3–4 EL Sonnenblumenöl
1 Cabanossi
schwarzer Pfeffer
100 g geriebener mittelalter Goudakäse

Maisgrieß mit Wasser und Salz aufkochen und zugedeckt bei schwacher Hitze etwa 45 Minuten ausquellen lassen, bis sich der Brei vom Topfrand löst. Zwischendurch häufig umrühren, damit nichts anbrennt. Polenta mit der Petersilie mischen, auf ein Backblech streichen und etwa 30 Minuten trocknen lassen, bis sie sich in Stücke schneiden läßt. Inzwischen Auberginen waschen, abtrocknen, von Stiel- und Blütenansätzen befreien und längs in etwa ½ cm dicke Scheiben schneiden. Mit Salz bestreuen, 10 Minuten ziehen lassen und trockentupfen. Tomaten häuten und würfeln, dabei die Stielansätze entfernen. Zwiebeln und Knoblauch schälen und hacken. Rosmarinnadeln abstreifen, Salbeiblättchen in Streifen schneiden. Öl erhitzen und die in Scheiben geschnittene Cabanossi bei mittlerer Hitze rundherum braun braten. Dann die Auberginen ebenfalls auf beiden Seiten braun anbraten. Eine ofenfeste Form mit Wurst und Auberginenscheiben auslegen. Zwiebeln und Knoblauch im Bratfett anschwitzen. Tomaten mitschmoren, bis die Flüssigkeit vollkommen verdampft ist. Kräuter untermischen, alles mit Salz und Pfeffer würzen und auf den Auberginen verteilen. Polenta in Rechtecke schneiden, darauflegen und mit dem Goudakäse bestreuen. Butterflöckchen darüber verteilen. Auflauf in den heißen Backofen stellen und bei 250° 10—15 Minuten backen, bis er oben schön gebräunt ist.

Beilage: Kopfsalat mit Radieschen, Gurken und Tomaten und eventuell eine Sauce aus Crème fraîche, Joghurt und verschiedenen Kräutern.

Weizen mit Tofu aus dem Ofen

200 g Weizenkörner, grob geschrotet
200 g Hirse
½ l Wasser
60 g altbackenes Vollkornbrot
1 Zwiebel
300 g Tofu
½ Zitrone
1 Päckchen gemischte Tiefkühl-Kräuter
3 Eier
1 EL geriebener Parmesankäse
1 EL gehackte Essiggurken
1 EL Sojasauce
Salz
weißer Pfeffer
1–2 EL Weizenvollkornmehl
2 EL Butter
¼ l Fleischbrühe
¼ l Sahne
1 TL Paprikapulver edelsüß
1 EL gehackte Petersilie

Weizen und Hirse mit Wasser einmal aufkochen und zugedeckt bei schwacher Hitze 40 Minuten köcheln lassen. Topf vom Herd ziehen und das Getreide weitere 30 Minuten zugedeckt quellen lassen. Vollkornbrot in lauwarmem Wasser einweichen und ausdrücken. Zwiebel schälen und hacken. Tofu mit einer Gabel zerdrücken, Zitrone auspressen. Alle diese Zutaten mit dem Getreide, den Kräutern, Eiern, Käse, Essiggurken, Sojasauce, Salz und einer kräftigen Prise Pfeffer mischen. So viel Mehl unterkneten, daß ein weicher, doch formbarer Teig entsteht. Eine ofenfeste Form mit der Hälfte der Butter ausstreichen. Teig hineingeben, zu einem ovalen Laib formen und mit der restlichen Butter in Flöckchen belegen. Fleischbrühe am Rand zugießen. Form in den Backofen schieben und den Laib 40 Minuten bei 200° backen. Dabei mehrmals mit der Flüssigkeit bestreichen, die sich am Boden der Form sammelt. Sahne mit dem Paprikapulver verquirlen, den Laib damit umgießen und weitere 10 Minuten garen. Mit der Petersilie bestreuen und servieren.

Beilage: Salat.

Wirsingstrudel

250 g Weizenmehl
Type 1050
Salz
5 EL Öl
⅛ l lauwarmes Wasser
1 Eigelb
1 kleiner Wirsingkopf von
etwa 400 g
150 g Champignons
100 g durchwachsener
Räucherspeck
1 Zwiebel
4 EL gekeimte Mungo-
bohnen und Kichererbsen
100 g Butter
3 EL gehackte Petersilie
1½ Becher Crème fraîche
(300 g)
schwarzer Pfeffer

Für den Strudelteig Mehl mit Salz, Öl, Wasser und Eigelb verkneten. Der Teig muß weich und glatt sein, darf aber nicht kleben. Teig in Pergamentpapier wickeln und an einem warmen Ort etwa 1 Stunde ruhen lassen. Inzwischen Wirsing putzen, vom Strunk befreien, waschen und in feine Streifen schneiden. Geputzte Pilze blättrig schneiden, Räucherspeck würfeln, Zwiebel schälen und fein hacken. Sprossen kalt waschen und abtropfen lassen. Etwa ein Drittel der Butter erhitzen und den Räucherspeck bei mittlerer Hitze darin ausbraten. Zwiebel, Wirsing, Pilze und Sprossen zugeben und bei starker Hitze so lange unter Rühren braten, bis alle Flüssigkeit, die sich gebildet hat, wieder verdampft ist. Petersilie und Crème fraîche untermischen. Alles mit Salz und Pfeffer würzen. Strudelteig in zwei Stücke teilen. Das eine Stück zuerst auf einer bemehlten Arbeitsfläche ausrollen, dann auf einem Tuch so dünn wie möglich ausziehen. Teig mit etwas zerlassener Butter bepinseln und die Hälfte der Füllung darauf verteilen. Teigplatte an den Schmalseiten etwas einschlagen. Das Tuch am unteren Rand anheben und den Strudel damit aufrollen. Ersten Strudel in eine gefettete, ofenfeste Form gleiten lassen. Den zweiten Strudel ebenso zubereiten und in die Form geben. Strudel mit der restlichen Butter bestreichen und im heißen Backofen bei 180° etwa 40 Minuten backen. Dabei immer wieder mit der Butter bestreichen, die sich in der Form sammelt.

Beilagen: Tomatensauce und Salat.

Überbackene Bohnen

1 Zwiebel
1 EL Öl
1 kleine Dose Tomatenmark
¼ l Fleischbrühe
1 TL getrocknetes Bohnenkraut
1 Paket Tiefkühl-Brechbohnen
Salz
weißer Pfeffer
2 feste Birnen
1 Dose weiße Bohnen
300 g durchwachsener Räucherspeck, in Scheiben geschnitten
Butter für die Form
2 EL Semmelbrösel

Zwiebel schälen, hacken und im heißen Öl glasig braten. Tomatenmark, Fleischbrühe und Bohnenkraut zugeben. Alles einmal aufkochen und die Brechbohnen zugedeckt 5 Minuten darin garen. Mit Salz und Pfeffer würzen. Birnen vierteln, schälen, vom Kerngehäuse befreien und in Schnitze teilen. Alle diese Zutaten mit den abgetropften weißen Bohnen mischen. Die Hälfte der Speckscheiben bei mittlerer Hitze ausbraten. Eine ofenfeste Form mit Butter ausstreichen und mit den Semmelbröseln ausstreuen. Die Hälfte des Gemüses hineingeben und mit den gerösteten Speckscheiben belegen. Das restliche Gemüse darüberfüllen. Die übrigen Speckscheiben zusammenrollen und auf dem Gemüse verteilen. Die Form in den vorgeheizten Backofen schieben, und die Bohnen bei 200° etwa 40 Minuten backen.

Beilagen: Naturreis oder Butterbrot und Salat.

Fischgratin

500 g Kartoffeln
Salz
weißer Pfeffer
1 Becher süße Sahne (200 g)
1 Zitrone
500 g Seelachsfilet
1 Zitrone
150 g gekeimte Mungobohnen
150 g gekeimte Linsen
150 g griebener Emmentaler

Kartoffeln schälen, waschen und in dünne Scheiben schneiden. Trockentupfen und dachziegelartig in eine feuerfeste Form schichten, dabei jede Schicht mit Salz und Pfeffer bestreuen. Sahne an den Seiten angießen und die Kartoffeln im vorgeheizten Backofen bei 220° etwa 30 Minuten vorgaren. Inzwischen Zitrone auspressen. Seelachsfilet mit dem Saft beträufeln und mit Salz und Pfeffer würzen. Mungobohnen und Linsen kalt abspülen und in sprudelnd kochendem Salzwasser zwei Minuten blanchieren. Gründlich abtropfen lassen. Fischfilets auf die Kartoffeln legen. Keime darauf verteilen. Den Käse darüberstreuen und alles weitere 15 Minuten überbacken, bis der Käse geschmolzen und leicht gebräunt ist.

Herzhafter Brotauflauf

500 g Vollkornbrot, in etwa ½ cm dicke Scheiben geschnitten
¼ l Milch
3 Fleischtomaten
300 g Mozzarella
1 Bund Petersilie
Salz
schwarzer Pfeffer
3 Eier
⅛ l Sahne
100 g geriebener Emmentaler Käse
1 Handvoll Salbeiblättchen
40 g Butter

Vollkornbrotscheiben mit Milch übergießen und einweichen, bis die Milch aufgesogen ist. Gewaschene Tomaten und abgetropften Mozzarella in Scheiben schneiden. Petersilie waschen, trockenschwenken und zerkleinern. Eier mit Sahne, Emmentaler und gehacktem Salbei mischen. Eine ofenfeste Form mit Butter ausstreichen und mit der Hälfte der Brotscheiben auslegen. Tomatenscheiben darauflegen, mit Salz, Pfeffer und Petersilie bestreuen und mit den Mozzarellascheiben abdecken. Die restlichen Brotscheiben darüber verteilen und mit der Eier-Käse-Sahne übergießen. Auflauf mit Butterflöckchen belegen und im vorgeheizten Backofen bei 180° etwa 40 Minuten backen, bis er schön gebräunt ist.

Beilage: Salat.

Kartoffelauflauf mit Mungobohnen

50 g Mungobohnen
500 g Kartoffeln
1 Zwiebel
1 Knoblauchzehe
2 Päckchen gemischte Tiefkühl-Kräuter
4 Eier
150 g geriebener Bergkäse
1 Becher Crème fraîche (200 g)
Salz
weißer Pfeffer
Muskat
Butter für die Form und zum Belegen

Die Mungobohnen 3 Tage keimen lassen *(siehe Seite 22).* Das Wasser täglich wechseln. Sprossen kalt abspülen und in reichlich sprudelnd kochendem Wasser blanchieren, bis sie sich zartgrün färben. Kartoffeln waschen, mit der Schale in 20—30 Minuten weich kochen, schälen und durch die Kartoffelpresse drücken. Währenddessen Zwiebel und Knoblauchzehe schälen und fein hacken. Kartoffeln mit Sprossen, Zwiebel, Knoblauch, Kräutern, Eiern, etwa zwei Drittel des Käses, Crème fraîche, Salz, Pfeffer und Muskatnuß mischen. Masse in eine gefettete, ofenfeste Form füllen und mit dem restlichen Käse und Butterflöckchen belegen. Auflauf bei 180° etwa 40 Minuten backen, bis er oben schön gebräunt ist.

Beilage: Blattsalat mit Kräuter-Sahne-Vinaigrette oder Gurkensalat in Dillsahne.

Gemüse-Auflauf mit Linsen

3 EL Linsen
500 g Blumenkohl
500 g Kohlrabi
Salz
80 g Butter
20 g Mehl
¼ l Milch
200 g geriebener Emmentaler Käse
weißer Pfeffer
Muskat
1 Bund Petersilie
1 Eigelb
30 g geriebener Parmesankäse
Fett für die Form

Linsen 2 Tage keimen lassen *(siehe Seite 22)*. Das Wasser dabei täglich erneuern. Blumenkohl waschen, putzen und in Röschen teilen. Kohlrabi schälen und in Stifte schneiden. Beide Gemüse in reichlich Salzwasser 3 Minuten sprudelnd kochen. Herausnehmen und abtropfen lassen. Etwa 50 g Butter erhitzen, Mehl darin unter Rühren anschwitzen. Milch dazugießen und kräftig rühren, damit sich keine Klümpchen bilden. Emmentaler unter Rühren in der Sauce auflösen. Mit Salz, Pfeffer und Muskat abschmecken. Gewaschene Petersilie fein zerkleinern und untermischen. Eigelb mit etwas Sauce verquirlen und einrühren. Linsensprossen, Blumenkohl und Kohlrabi in eine gefettete, ofenfeste Form geben, mit der Sauce begießen und mit Parmesankäse bestreuen. Restliche Butter in kleine Stücke teilen und den Auflauf damit belegen. Form in den Backofen schieben, und den Auflauf bei 200° 30 Minuten backen.

Gerichte mit Fisch und Fleisch

Krabben und Fisch mit Sprossen in Tomatensahne

4 rohe Hummerkrabbenschwänze in der Schale
200 g Fischabfälle (Köpfe und Gräten von Seezunge, Lachs und Steinbutt)
1 Schalotte
1 Bund Suppengrün
Saft von 1 Zitrone
¼ l trockener Weißwein
¼ l Wasser
1 Lorbeerblatt
1 Wacholderbeere
4 weiße Pfefferkörner
2 vollreife Tomaten
1 großes Bund Schnittlauch
200 g frisch gekeimte Mungobohnen
2 Heilbuttfilets (je ca. 200 g)
2 Becher Crème fraîche (je 200 g)
Salz
frisch gemahlener weißer Pfeffer

Hummerkrabbenschwänze aus den Schalen lösen, Schalen mit den Fischabfällen in einen Topf geben. Geschälte Schalotte und geputztes, gewaschenes Suppengrün grob zerkleinern und dazugeben. Zitronensaft, Wein, Wasser, Lorbeerblatt, Wacholderbeere und Pfefferkörner hinzufügen. Alles zum Kochen bringen und den Fischfond dann bei schwacher Hitze 25 Minuten leise köcheln lassen. Tomaten häuten und klein würfeln, dabei Stielansätze und Kerne entfernen. Gewaschenen Schnittlauch in feine Röllchen schneiden. Den Fischfond durch ein Sieb gießen, alle festen Teile wegwerfen und den Fond erneut zum Kochen bringen. Gewaschene Bohnensprossen vier Minuten darin kochen lassen, herausnehmen und auf eine vorgewärmte tiefe Platte geben. Hummerkrabbenschwänze im Fond bei schwächster Hitze 4 Minuten gar ziehen lassen. In Stücke geschnittene Fischfilets dazugeben und weitere drei Minuten darin ziehen lassen. Krabben und Fisch auf den Bohnensprossen anrichten und warm halten. Fond unter Rühren einkochen, bis die Flüssigkeit dick wie Sirup ist. Crème fraîche nach und nach zugießen und cremig einkochen lassen. Tomaten in die Sauce geben und nur erhitzen. Schnittlauch untermischen, Sauce mit Salz und Pfeffer abschmecken und über Krabben und Fisch gießen.

Beilage: Salzkartoffeln oder Reis.

Forellen in Sojamilch

4 küchenfertige, frische Forellen (je etwa 300 g)
Salz
weißer Pfeffer
1 Handvoll Brunnenkresse
1 Bund Dill
einige Kerbelblättchen
¼ l Sojamilch
1 Lorbeerblatt

Forellen innen und außen unter fließendem kalten Wasser abspülen und trockentupfen. Salz mit reichlich Pfeffer auf einem Teller mischen. Forellen innen und außen damit einreiben und nebeneinander in eine flache, ofenfeste Form legen. Brunnenkresse waschen und trockentupfen. Blättchen beiseite legen, Stiele fein hacken. Dill und Kerbel ebenfalls waschen, trockentupfen und fein zerkleinern. Blättchen und Stiele der Brunnenkresse, Dill und Kerbel mit der Sojamilch mischen und über die Forellen gießen. Lorbeerblatt zugeben. Form in den heißen Backofen schieben, und die Forellen bei 200° 20—25 Minuten garen. Dabei immer wieder mit der Kräutermilch beschöpfen. Die gegarten Forellen herausnehmen und auf eine vorgewärmte Platte legen. Kräutermilch (ohne Lorbeerblatt) darübergießen.

Beilagen: Pellkartoffeln und Salat.

Seezungenröllchen mit Pilzen und Weizen

4 Seezungen (je ca. 300 g)
1 Schalotte
1 Bund Suppengrün
Saft von 1 Zitrone
¼ l trockener Weißwein
¼ l Wasser
1 Lorbeerblatt
1 Wacholderbeere
4 weiße Pfefferkörner
100 g Champignons
1 kleine Zwiebel
1 EL Butter
1 TL Öl
1 EL gehackte Petersilie
Salz
frisch gemahlener weißer Pfeffer
2 Handvoll frisch gekeimte Weizenkörner mit grünen Trieben
⅛ l Sahne
1 Eigelb

Seezungen häuten und filieren. Gräten, Haut und Köpfe (Kiemen herausschneiden) in einen Topf geben. Geschälte Schalotte und geputztes, gewaschenes Suppengrün grob zerkleinern und dazugeben. Zitronensaft, Wein, Wasser, Lorbeerblatt, Wacholderbeere und Pfefferkörner hinzufügen. Alles zum Kochen bringen und den Fischfond dann bei schwacher Hitze 25 Minuten leise köcheln lassen. Durchseihen und alle festen Teile wegwerfen. Geputzte Champignons blättrig schneiden. Zwiebel schälen und hacken. Butter und Öl erhitzen. Pilze und Zwiebel so lange darin schmoren, bis alle Flüssigkeit verdampft ist. Petersilie untermischen, alles mit Salz und Pfeffer würzen und auf den gesalzenen Seezungenfilets verteilen. Filets aufrollen, mit Küchengarn umwickeln und aufrecht nebeneinander in den Fischfond stellen. Bei schwacher Hitze in etwa 15 Minuten gar ziehen lassen. Vorsichtig herausnehmen, Garn entfernen, und die Seezungenröllchen auf einer vorgewärmten Platte warm halten. Weizen und Sahne in den Fond geben, und die Flüssigkeit unter Rühren auf etwa die Hälfte einkochen lassen. Sauce mit Eigelb legieren und mit Salz und Pfeffer abschmecken. Die Seezungenröllchen mit der Sauce umgießen.

Beilagen: Kartoffeln oder Reis und Salat.

Fisch mit Gemüse

4 Mu-Err-Pilze
750 g Lotte
1 gestrichener EL Speisestärke
1 EL trockener Sherry
2 EL Sojasauce
1 Knoblauchzehe
1 Bund Frühlingszwiebeln
2 Stangen Sellerie
1 Handvoll gekeimte Mungobohnen
5 EL Öl
⅛ l Gemüsebrühe
Salz
Cayennepfeffer

Pilze drei Stunden in lauwarmem Wasser einweichen. Fischfilet kalt waschen und trockentupfen. Mit einem scharfen Messer von der Mittelgräte lösen und in nicht zu kleine Würfel schneiden. Speisestärke mit Sherry und Sojasauce verrühren und über die Fischwürfel gießen. Fisch zugedeckt stehenlassen. Knoblauch schälen und sehr fein hacken. Pilze abtropfen lassen und ebenfalls hacken. Frühlingszwiebeln putzen, waschen, trockenschwenken und in etwa ½ cm dünne Ringe schneiden. Dabei ein Drittel des Zwiebelgrüns mitverwenden. Sellerie waschen und trockentupfen. Die Sellerieblättchen abzupfen und die Stangen in Stücke schneiden. Mungobohnen kalt abspülen und abtropfen lassen. Einen EL Öl erhitzen. Knoblauch darin glasig braten. Alle Gemüse, Pilze und die Mungobohnen zugeben. Temperatur höherschalten und die Gemüse so lange anbraten, bis sich die Keime der Mungobohnen zartgrün färben. Gemüsebrühe zugießen und alles mit Salz und Cayennepfeffer würzen. Gemüse zugedeckt etwa 1 Minute kochen lassen. Auf eine vorgewärmte Platte geben und warm halten. Zwei weitere EL Öl erhitzen. Fischwürfel portionsweise zugeben und 3—4 Minuten braten, dabei das restliche Öl zugießen. Gebratene Fischwürfel auf das Gemüse legen. Fisch und Gemüse mischen und mit den Sellerieblättchen bestreut sofort servieren.

Fisch in der Folie mit Sprossen

Für 6 Personen:

1 Schellfisch von etwa 1,5 kg
½ Zitrone
Salz
weißer Pfeffer
1 Zwiebel
1 Knoblauchzehe
2 Möhren
2 Stangen Lauch
150 g gekeimte Linsen
1 Bund Petersilie
1 EL Butter
3 EL Cognac
1 Becher Crème fraîche (200 g)
1 Bund Schnittlauch

Vom Schellfisch die Flossen abschneiden. Fisch waschen und abtrocknen. Zitrone auspressen. Fisch mit Zitronensaft beträufeln und mit Salz und Pfeffer würzen. Zwiebel und Knoblauch schälen und fein würfeln. Möhren schaben, waschen und in Stifte teilen. Lauch putzen, waschen und in Ringe schneiden. Linsen kalt abspülen und abtropfen lassen. Petersilie ebenfalls waschen, trockenschwenken und fein hacken. Butter erhitzen. Zwiebel und Knoblauch darin glasig braten. Gemüse und Linsen zugeben und kurz anbraten. Gemüse auf einem Stück extrastarker Alufolie verteilen. Fisch darauflegen. Petersilie mit Cognac und der Hälfte der Crème fraîche verrühren und über den Fisch gießen. Folie schließen. Fisch im vorgeheizten Backofen bei 220° etwa 30 Minuten garen. Sauce in einen Topf gießen und den Fisch warm halten. Sauce mit der restlichen Crème fraîche zum Kochen bringen. Schnittlauch waschen, abtrocknen und in Röllchen schneiden. Sauce unter Rühren einkochen lassen. Mit Salz und Pfeffer abschmecken. Schnittlauch untermischen und die Sauce getrennt zum Fisch servieren.

Fischpfanne mit Bulgur

Für 6 Personen:

1 Zwiebel
2 Knoblauchzehen
4 EL kaltgepreßtes Olivenöl
150 g Bulgur
etwa ½ l Gemüsebrühe
Salz
500 g Tomaten
je 1 rote und grüne Paprikaschote
500 g Rotbarschfilet
6 Hummerkrabbenschwänze
1 Zitrone
1 Paket Tiefkühl-Erbsen (300 g)
1 EL Butter
1 Briefchen Safranfäden
1 Bund Petersilie
Cayennepfeffer

Zwiebel und Knoblauch schälen und fein hacken. Öl erhitzen. Zwiebel und Knoblauch darin glasig braten. Bulgur zugeben und so lange braten, bis alle Körner vom Öl überzogen sind. Gemüsebrühe zugießen und den Bulgur schwach salzen. Bulgur zum Kochen bringen und bei schwächster Hitze zugedeckt 30 Minuten ausquellen lassen, dabei eventuell noch Brühe zugießen. Inzwischen Tomaten häuten und würfeln, dabei Stielansätze und Kerne entfernen. Paprikaschoten putzen, waschen, trockentupfen und in Streifen schneiden. Rotbarschfilet und Hummerkrabbenschwänze kalt abspülen und trockentupfen. Fischfilet in Würfel von etwa 1 cm Kantenlänge schneiden. Hummerkrabbenschwänze gegebenenfalls aus den Schalen lösen. Den Darm, der am Rücken der Hummerkrabbenschwänze wie ein dunkler Faden verläuft, vorsichtig entfernen. Zitrone halbieren. Die eine Hälfte zum Garnieren beiseite legen, die andere auspressen. Fisch und Hummerkrabbenschwänze mit Zitronensaft beträufeln und ziehen lassen. Paprikaschoten unter den Bulgur mischen und weitere 10 Minuten garen. Dann Fischwürfel, Hummerkrabbenschwänze, Erbsen und Tomatenwürfel untermischen und alles noch einmal 5—10 Minuten garen. Butter schmelzen, aber nicht bräunen. Safranfäden zwischen zwei Fingern etwas zerreiben und unter Rühren in der Butter auflösen. Petersilie waschen, trockentupfen und fein hacken. Safranbutter mit einer Gabel unter den Bulgur ziehen.

Fischpfanne mit Salz und einer kräftigen Prise Cayennepfeffer abschmecken und mit Petersilie bestreuen. Die Zitronenhälfte in dünne Scheiben teilen und auf dem Bulgur anrichten.

Renken mit Mais und Tomaten

4 frische, küchenfertige Renken (je etwa 400 g)
½ Zitrone
500 g Tomaten
1 Gemüsezwiebel
2 Knoblauchzehen
Salz
1 Zweig frischer Rosmarin
5 schwarze Pfefferkörner
2 Lorbeerblätter
1 große Dose Zuckermais
knapp ⅛ l trockener Weißwein
4 EL Olivenöl
½ Bund Petersilie

Renken innen und außen unter fließendem kalten Wasser abspülen und trockentupfen. Die Haut der Fische an der Oberseite einige Male schräg einschneiden, damit das Aroma der Würzmischung in das Fleisch eindringen kann. Zitrone auspressen, Renken mit dem Saft beträufeln und etwa 20 Minuten ziehen lassen. Inzwischen die Tomaten häuten, von Stielansätzen und Kernen befreien und würfeln. Gemüsezwiebel und Knoblauchzehen schälen und würfeln. Rosmarin waschen, trockenschwenken und die Nadeln abstreifen. Pfefferkörner auf ein Holzbrett legen und mit einer Messerklinge zerquetschen. Rosmarinnadeln und die Lorbeerblätter zu den Pfefferkörnern geben und alles mit dem Messer grob hacken. Boden einer flachen, ofenfesten Form mit der Hälfte der Mischung aus Tomaten, Zwiebelwürfeln, Knoblauch und abgetropftem Mais auslegen. Renken darauflegen und innen und außen mit Salz und mit der Würzmischung bestreuen. Restliche Gemüsemischung auf den Fischen verteilen. Wein zugießen und alles mit Olivenöl beträufeln. Form in den heißen Backofen schieben, und die Renken bei 200° etwa 30 Minuten garen. Gewaschene Petersilie fein hacken und die gegarten Renken damit bestreut servieren.

Beilagen: Kartoffeln oder Brot.

Fischragout mit Weizen und Zucchini

100 g Weizenkörner
200 ccm Wasser
2 Schalotten
400 g junge Zucchini
1 EL Butter
1 EL Zitronensaft
⅛ l Gemüsebrühe
Salz
weißer Pfeffer
600 g Goldbarschfilet
1 EL Crème fraîche
1 Bund Dill

Weizenkörner mit Wasser zum Kochen bringen und zugedeckt bei schwacher Hitze 1 Stunde kochen lassen. Topf vom Herd ziehen, und den Weizen 1 weitere Stunde zugedeckt quellen lassen. Schalotten schälen und hacken. Zucchini waschen, von Stiel- und Blütenansätzen befreien und in etwa fingerdicke Stifte schneiden. Butter erhitzen, aber nicht bräunen. Schalotten und abgetropfte Weizenkörner darin unter ständigem Rühren etwa 5 Minuten anschwitzen. Zucchini zugeben und ebenfalls anbraten. Zitronensaft und Gemüsebrühe dazugießen, alles mit Salz und Pfeffer würzen, einmal aufkochen und dann zugedeckt bei schwacher Hitze 5 Minuten köcheln lassen. Goldbarschfilet unter fließendem kalten Wasser abspülen, trockentupfen und in Würfel schneiden. Crème fraîche unter das Gemüse mischen, Fischwürfel darauflegen, ebenfalls mit Salz und weißem Pfeffer würzen und zugedeckt bei schwächster Hitze in etwa 8 Minuten gar ziehen lassen. Währenddessen Dill waschen, trockentupfen und fein zerkleinern. Fischragout in eine vorgewärmte Schüssel füllen und mit dem Dill bestreut sofort servieren.

Beilagen: Reis oder Kartoffeln und Salat mit Kräuter-Vinaigrette.

Fischklößchen in Tomatensauce mit Grünkern

75 g Grünkern
150 ccm Wasser
1 kg Tomaten
2 Zwiebeln
2 Knoblauchzehen
1 Möhre
5 Zweige frischer Thymian
2 EL Öl
500 g Forellenfilets
2½ Scheiben Toastbrot
1 Päckchen gemischte Tiefkühl-Kräuter
1 Zitrone
1 EL Kapern
1 Ei
1 Eigelb
Salz
weißer Pfeffer
Cayennepfeffer
1 Prise Zucker
⅛ l Sahne

Grünkern mit Wasser zum Kochen bringen und zugedeckt bei schwacher Hitze 25 Minuten kochen, dann neben dem Herd noch 1 Stunde zugedeckt quellen lassen. Tomaten häuten, von Stielansätzen und Kernen befreien und würfeln. Eine Zwiebel und die Knoblauchzehen schälen und hacken. Geschälte Möhre fein würfeln. Thymian waschen, Blättchen von den Stielen streifen. Öl erhitzen, Zwiebel und Knoblauch darin glasig braten. Grünkern, Möhrenwürfel, Tomaten und Thymian zugeben. Bei schwacher Hitze etwa 30 Minuten garen. Inzwischen Forellenfilets, das entrindete Toastbrot und die restliche, geschälte Zwiebel durch die feine Scheibe des Fleischwolfs drehen. Mit Kräutern mischen. Zitrone dünn schälen, Schale fein hacken. Die Zitrone auspressen. Fischmasse mit Zitronenschale und -saft, Kapern, Ei und Eigelb zu einem Teig mischen. Mit Salz, Pfeffer und Cayennepfeffer pikant würzen. Tomatensauce mit Salz, Zucker und weißem Pfeffer abschmecken. Sahne einrühren und alles bis kurz vor dem Siedepunkt erhitzen. Aus dem Fischteig mit zwei Eßlöffeln Klößchen abstechen und bei kleinster Hitze in der Sauce etwa zehn Minuten gar ziehen lassen.

Beilagen: Pellkartoffeln oder Reis und Salat.

Gegrillte Seezungen mit Roggenkruste

4 Seezungen (je etwa 300 g)
3 Knoblauchzehen
Salz
1 Bund Petersilie
1 Zitrone
6 EL Olivenöl
6 EL fein geschroteter Roggen
weißer Pfeffer

Seezungen vom Händler ausnehmen und nur an den Oberseiten häuten lassen. Köpfe und Schwanzflossen der Fische abschneiden. Knoblauchzehen schälen und mit Salz zerdrücken. Petersilie waschen, Blättchen abtupfen, trockentupfen und fein zerkleinern. Mit Knoblauch, Zitronensaft, Öl und Roggenschrot mischen. Die Seezungen mit Salz und Pfeffer bestreuen und mit der Roggenpaste bestreichen. Unter den vorgeheizten Grill auf die mittlere Schiene schieben und etwa 10 Minuten grillen.

Beilagen: Gemischter Salat und eventuell Baguette.

Backfisch mit Remoulade

2 Eigelb
2 TL Kräutersenf
1 Zitrone
Salz
schwarzer Pfeffer
⅛ l Öl
3 EL Magerjoghurt
1 Knoblauchzehe
1½ Päckchen gemischte Tiefkühl-Kräuter
1 EL Kapern
1 EL gehackte Essiggurken
600 g Fischfilet
100 g Weizenvollkornmehl
25 g Buchweizenmehl
⅛ l helles Bier
2 Eier
Öl oder Pflanzenfett zum Fritieren

Eigelb mit Senf, 4 EL Zitronensaft, Salz und Pfeffer verrühren. Öl zuerst tropfenweise, dann in dünnem Strahl zugießen und so lange kräftig weiterschlagen, bis eine Mayonnaise entstanden ist. Joghurt, geschälte Knoblauchzehe, Kräuter, Kapern und Essiggurken untermischen. Fischfilet kalt abspülen, trockentupfen und in etwa 10 cm breite Streifen schneiden. Mit dem restlichen Zitronensaft beträufeln und 10 Minuten ziehen lassen. Weizen- und Buchweizenmehl mit Bier, Eiern und Salz zu einem Ausbackteig verrühren. Fischstücke salzen und pfeffern. Öl oder Fett in einer Friteuse erhitzen. Das Fett ist heiß genug, wenn ein Stückchen Weißbrot darin rasch bräunt. Fischstücke in den Teig tauchen und etwa 8 Minuten ausbacken. Auf einer vorgewärmten Platte anrichten und die Remoulade dazu servieren.

Beilage: Kartoffelsalat und Kopfsalat.

Fischcurry mit Linsen

1 Zwiebel
1 Knoblauchzehe
1 Briefchen Safranfäden
3 EL heißes Wasser
2 EL Sonnenblumenöl
200 g schwarze Linsen (Puy-Linsen)
je 1 TL Gelbwurz und Kreuzkümmel
1 Prise Zimtpulver
Salz
Cayennepfeffer
200 ccm Gemüsebrühe
⅛ l Sojamilch
500 g Goldbarschfilet
½ Zitrone

Zwiebel und Knoblauchzehe schälen und hacken. Safran im heißen Wasser auflösen. Öl erhitzen, Zwiebel und Knoblauch darin bei schwacher Hitze glasig braten, Linsen zufügen und mitbraten, bis sie vom Öl überzogen sind. Alle Gewürze, Salz und Cayennepfeffer untermischen. Gemüsebrühe und Sojamilch dazugießen. Linsen einmal aufkochen und zugedeckt bei schwacher Hitze 30 Minuten garen. Inzwischen Goldbarschfilet kalt abspülen, trockentupfen, in Würfel schneiden und mit Zitronensaft beträufeln. Fischwürfel auf die Linsen legen und alles im geschlossenen Topf weitere 8—10 Minuten ziehen lassen. Erst vor dem Servieren vorsichtig mischen.

Beilagen: Reis oder Fladenbrot.

Fisch in scharfer Sojamilch

1 Zwiebel
1 Knoblauchzehe
1–2 getrocknete rote Pfefferschoten
750 g Goldbarschfilet
1 Zitrone
weißer Pfeffer
3 EL Öl
¼ l Sojamilch
1 EL Currypulver
1 Paket Tiefkühl-Erbsen

Zwiebel und Knoblauchzehe schälen und hacken. Die Pfefferschoten fein zerreiben und einen Teil der brennendscharfen Kerne wegwerfen. Fischfilet kalt abspülen, trockentupfen, in Würfel schneiden, mit Zitronensaft beträufeln und mit Pfeffer bestreuen. Öl erhitzen, Zwiebel und Knoblauch darin bei schwacher Hitze glasig braten. Sojamilch, Pfefferschote und Currypulver einrühren. Fischwürfel und Erbsen in die Sauce geben. Alles bei schwächster Hitze zugedeckt etwa 8 Minuten ziehen lassen. Erst vor dem Servieren vorsichtig mischen.

Beilagen: Naturreis und eventuell Salat.

Lammragout mit Azukibohnen

250 g Azukibohnen
800 g Lammschulter ohne Knochen
3 EL Öl
2 Zwiebeln
2 Knoblauchzehen
1 Bund Suppengrün
¼ l trockener Rotwein
1 getrocknete rote Pfefferschote
1 Lorbeerblatt
250 g vollreife Tomaten
Salz
1 Prise Zucker

Azukibohnen über Nacht in kaltem Wasser einweichen. Fleisch von Fett und Sehnen befreien. In gulaschgroße Würfel schneiden und rundherum im heißen Öl anbraten. Fein geschnittene Zwiebeln, gehackte Knoblauchzehen und gewürfeltes Suppengrün unter Rühren mitbraten. Bohnen abgießen, mit Rotwein, zerriebener Pfefferschote und Lorbeerblatt zum Fleisch geben. Das Ragout einmal aufkochen und dann zugedeckt bei schwacher Hitze etwa 1½ Stunden garen. Gehäutete, gewürfelte Tomaten untermischen und weitere 5 Minuten garen. Ragout mit Salz und Zucker abschmecken.

Beilage: Reis, Weizenkeimbrötchen oder Fladenbrot.

Geschmortes Huhn mit Sprossen

200 g Lauch
250 g gekeimte Mungobohnen
200 g Knollensellerie
200 g Möhren
1 Petersilienwurzel
1 Bund Petersilie
1 junges Huhn von etwa 1,6 kg
Salz
weißer Pfeffer
2 EL Butter
¼ l trockener Weißwein
1 Lorbeerblatt

Lauch putzen, waschen und in 2 cm breite Stücke schneiden. Mungobohnen kalt abspülen und abtropfen lassen. Sellerie schälen, waschen und würfeln. Möhren und die Petersilienwurzel schälen, waschen und in Stifte schneiden. Petersilie waschen, trockenschwenken, die Stiele abschneiden und ganz fein zerkleinern. Blättchen beiseite legen. Huhn in acht Stücke teilen und rundherum mit Salz und Pfeffer einreiben. Butter erhitzen, Ober- und Unterschenkel sowie die Flügel darin etwa 10 Minuten anbraten. Bruststücke zugeben und ebenfalls von allen Seiten 5 Minuten mitbraten. Geflügelstücke herausnehmen, Gemüse, Petersilienstiele und Sprossen in den Topf geben und so lange braten, bis alles von Fett überzogen ist. Wein zugießen und den Bratfond damit lösen. Geflügelstücke wieder auf das Gemüse legen, Lorbeerblatt zugeben und das Huhn bei schwacher Hitze zugedeckt etwa 30 Minuten schmoren. Das Huhn anstechen. Tritt nur noch klarer Saft aus, ist es gar. Petersilienblättchen grob hacken. Huhn und Gemüse auf einer vorgewärmten Platte anrichten, mit der Schmorflüssigkeit übergießen und mit der Petersilie bestreut servieren.

Rinderragout mit schwarzen Bohnen

Für 6 Personen:

150 g schwarze Bohnen
15 g getrocknete Steinpilze
1 kg Rindfleisch (Hüfte oder Kugel)
75 g fetter Speck
2 EL Öl
1 Zwiebel
2 Knoblauchzehen
5 EL Cognac
1 EL Weizenvollkornmehl
⅛ l trockener Rotwein
¼ l Fleischbrühe
1 Bund Petersilie
3 Zweige Majoran
2 Zweige Thymian
1 Zweig Rosmarin
2 Nelken
1 Lorbeerblatt
Salz
schwarzer Pfeffer
Cayennepfeffer
150 g Möhren
5 Schalotten
100 g Champignons
250 g Tomaten
1 Bund Basilikum

Bohnen mit kaltem Wasser bedecken und 8 Stunden einweichen. Steinpilze in lauwarmem Wasser etwa 2 Stunden einweichen. Fleisch in gulaschgroße Würfel schneiden. Speck fein würfeln und bei schwacher Hitze in 1 EL Öl ausbraten. Herausnehmen, restliches Öl erhitzen und das Fleisch darin portionsweise kräftig anbraten. Zwiebel und Knoblauch schälen, hacken, zugeben und glasig braten. Speck wieder zum Fleisch geben. Abgetropfte Bohnen ebenfalls zufügen. Fleisch und Bohnen mit Cognac flambieren. Sobald die Flammen erloschen sind, Fleisch mit Mehl bestäuben. Wein und Brühe angießen, Bratensatz loskochen. Petersilie, Majoran, Thymianblättchen und Rosmarinnadeln waschen, trockenschwenken und fein zerkleinern. Mit Nelken und Lorbeerblatt zum Fleisch geben. Mit Salz, Pfeffer und Cayennepfeffer würzen. Bräter schließen und das Ragout im vorgeheizten Ofen bei 180° 60 Minuten schmoren. Inzwischen Möhren schälen und in Stifte schneiden. Schalotten schälen und halbieren. Champignons putzen, gegebenenfalls waschen und vierteln. Tomaten häuten, von Stielansätzen und Kernen befreien und würfeln. Alle Gemüse und die eingeweichten Pilze zum Fleisch geben und weitere 30 bis 60 Minuten (je nach Fleischqualität) schmoren. Basilikumblättchen waschen, trockenschwenken und grob zerkleinert unter das Ragout mischen.

Kalbsgeschnetzeltes mit Tomaten und Sprossen

100 g Weizenkörner
500 g Kalbfleisch
500 g Tomaten
1 Zwiebel
3 Knoblauchzehen
1 Bund Basilikum
4 EL Sonnenblumenöl
Salz
schwarzer Pfeffer
1 Prise Zucker
⅛ l süße Sahne

Weizenkörner in Keimschalen geben und etwa 3 Tage keimen lassen *(siehe Seite 22)*. Weizensprossen dann kalt abspülen und gut abtropfen lassen. Kalbfleisch von Fett und Sehnen befreien und quer zur Faser in Streifen schneiden. Tomaten häuten und fein würfeln, dabei Stielansätze und Kerne entfernen. Zwiebel und Knoblauch schälen und fein hacken. Basilikum waschen, trockentupfen und die Blättchen in Streifen schneiden. Einen EL Öl heiß werden lassen und die erste Fleischportion bei starker Hitze etwa 30 Sekunden darin braten. Das gebratene Fleisch auf ein Sieb geben und über eine Schüssel legen, damit der Fleischsaft abtropfen und sich sammeln kann. Erneut Öl erhitzen und die restlichen Fleischportionen ebenfalls braten und herausnehmen. Temperatur herunterschalten und zuerst die Weizensprossen, dann Zwiebel und Knoblauch glasig braten. Tomatenwürfel zugeben, unter Rühren nur heiß werden lassen und mit Salz, Pfeffer und Zucker würzen. Fleisch und -saft wieder zufügen und nur erhitzen. Sahne und Basilikum unterrühren. Das Geschnetzelte sofort servieren.

Rinderrouladen mit Tofu

4 Rinderrouladen (je 150 g)
2 TL scharfer Senf
Salz
schwarzer Pfeffer
2 Knoblauchzehen
150 g Tofu
50 g geschälte Pistazien
50 g Rosinen
8 entkernte schwarze Oliven
2 EL Sonnenblumenöl
¼ l trockener Rotwein
⅛ l Wasser
1 TL getrockneter Thymian

Rouladen mit dem Handballen flachdrücken. Mit Senf bestreichen und mit Salz und Pfeffer würzen. Knoblauch schälen und fein hacken. Tofu in kleine Würfel schneiden. Pistazien und Rosinen grob hacken. Alle Zutaten gleichmäßig auf den Rouladen verteilen und jeweils mit zwei Oliven belegen. Fleisch zu Rouladen aufrollen und mit Küchengarn verschnüren. Öl erhitzen. Rouladen darin rundherum braun anbraten. Rotwein und Wasser zugießen, Bratfond damit lösen. Thymian untermischen und die Rouladen zugedeckt etwa 90 Minuten schmoren.

Hähnchenkeulen mit Grünkern und Sojasauce

6 China-Pilze (Shiitake)
¼ l Wasser
150 g Grünkern
200 ml Gemüsebrühe
Keulen und Flügel von
2 Hähnchen (etwa 1,2 kg)
Salz
2 EL Öl
1 Zwiebel
2 Knoblauchzehen
6 EL Sojasauce
Cayennepfeffer

Pilze im Wasser 4 Stunden einweichen. Grünkern mit Gemüsebrühe aufkochen und zugedeckt bei schwacher Hitze 30 Minuten kochen lassen. Topf vom Herd ziehen und den Grünkern zugedeckt 1 Stunde quellen lassen. Pilze abgießen (Einweichwasser auffangen) und in Streifen schneiden, dabei die harten Stiele entfernen. Hähnchenkeulen und -flügel leicht salzen und im heißen Öl rundherum braun anbraten. Öl bis auf einen dünnen Film abgießen. Grünkern, Pilze, gewürfelte Zwiebel und Knoblauchzehen kurz mitbraten. Einweichwasser der Pilze und Sojasauce zugießen. Alles aufkochen und zugedeckt bei schwacher Hitze etwa 40 Minuten garen. Mit Cayennepfeffer abschmecken.

Beilage: Salat.

Koteletts auf Weißkraut

750 g Weißkraut
250 g Sojasprossen
1 Zwiebel
2 Knoblauchzehen
4 EL Butter
4 EL Erdnußöl
Salz
schwarzer Pfeffer
Cayennepfeffer
4 Schweinenackenkoteletts
⅛ l trockener Weißwein
¼ l süße Sahne
1 Lorbeerblatt
3 Wacholderbeeren
gemahlener Kümmel

Weißkraut putzen und vierteln. Den Strunk herausschneiden, Kraut waschen und hobeln. Sojasprossen kalt abspülen und abtropfen lassen. Zwiebel und Knoblauch schälen und fein hacken. Die Hälfte der Butter und des Öls erhitzen. Zwiebel und Knoblauch darin anbraten. Weißkraut und Sojasprossen portionsweise zugeben und ebenfalls anbraten. Aus der Pfanne nehmen, mit Salz, Pfeffer und Cayennepfeffer würzen und warm halten. Koteletts trockentupfen und mit Salz und Pfeffer einreiben. In der restlichen Butter und dem restlichen Öl von beiden Seiten anbraten. Eine ofenfeste Form mit der Hälfte der Weißkraut-Sprossen-Mischung füllen. Koteletts darauflegen und mit dem restlichen Weißkraut bedecken. Weißwein und Sahne am Rand der Form angießen. Lorbeerblatt und Wacholderbeeren zufügen. Koteletts auf Weißkraut bei 220° etwa 60 Minuten garen.

Beilage: Pellkartoffeln.

Gratinierte Fleischklopse

1 Zwiebel
1 Bund Petersilie
200 g Tofu
300 g Hackfleisch
2 EL geriebene Walnußkerne
2 EL geriebenes Vollkornbrot
2 Eier
Salz
weißer Pfeffer
60 g Butter
30 g Weizenvollkornmehl
½ l Fleischbrühe
⅛ l Weißwein
150 g geriebener Emmentaler-Käse
⅛ l süße Sahne
4 Eigelb
1 Päckchen gemischte Tiefkühl-Kräuter
1 EL Butter

Zwiebel schälen und fein hacken. Petersilie waschen, trockenschwenken und ebenfalls fein hacken. Tofu mit einer Gabel zerdrücken. Zwiebel, Petersilie, Tofu, Hackfleisch, Walnüsse, Brotbrösel und Eier zu einem geschmeidigen Teig verkneten. Teig mit Salz und Pfeffer abschmecken und zu walnußgroßen Bällchen formen. Butter zerlassen. Mehl einrühren und anschwitzen. Brühe und Wein nach und nach zugießen, dabei kräftig mit dem Schneebesen schlagen, damit das Mehl keine Klümpchen bildet. Mit Salz und Pfeffer abschmecken. Fleischbällchen einlegen und in etwa 20 Minuten gar ziehen lassen. Klößchen mit einem Schaumlöffel herausheben und in eine feuerfeste Form legen. Zwei Drittel des Emmentalers in die Sauce rühren und darin auflösen. Sauce von der Kochstelle nehmen. Sahne mit Eigelb verquirlen, und die Sauce damit legieren. Kräuter untermischen. Sauce über die Bällchen gießen und mit dem restlichen Käse und der Butter in Flöckchen belegen. Im vorgeheizten Backofen bei 225° etwa 30 Minuten überbacken, bis der Käse schön gebräunt ist.

Lammcurry mit Zwiebeln und Sprossen

600 g Lammfleisch aus der Keule
5 EL Erdnußöl
2 Becher Joghurt (350 g)
je ½ TL Kurkuma und gemahlener Kümmel
je ¼ TL gemahlener Kreuzkümmel, gemahlener Koriander und Cayennepfeffer
500 g Zwiebeln
2 Knoblauchzehen
350 g gekeimte Mungobohnen
400 g Tomaten
½ TL Ingwerpulver
Salz
schwarzer Pfeffer
1 Zitrone
½ Tasse Wasser
½ Bund Petersilie

Lammfleisch von Fett und Sehnen befreien und in gulaschgroße Stücke schneiden. Öl erhitzen und das Fleisch darin anbraten. Joghurt unterrühren. Temperatur zurückschalten, Kurkuma, Kümmel, Kreuzkümmel, Koriander und Cayennepfeffer zugeben. Fleisch im offenen Topf bei schwacher Hitze garen, bis die Flüssigkeit fast verdampft ist. Inzwischen Zwiebeln und Knoblauch schälen. Zwiebeln in grobe Stücke schneiden, Knoblauch fein hacken. Mungobohnen kalt abspülen und abtropfen lassen. Tomaten häuten und achteln, dabei Stielansätze und Kerne entfernen. Alle diese Zutaten zum Fleisch geben. Mit Ingwer, Salz und Pfeffer würzen. Von der Zitrone ein hauchdünnes Stück Schale abschneiden und beiseite legen. Zitrone dann auspressen. Zitronensaft und Wasser zum Fleisch geben und alles weitere 90 Minuten schmoren. Petersilie waschen, trockenschwenken und fein hacken. Zitronenschale in ganz feine Streifen schneiden. Lammcurry mit Petersilie und Zitronenschale bestreut servieren.

Beilage: Naturreis.

Schweinerollbraten mit Grünkern

Für 8 Personen:

100 g grob geschroteter Grünkern
knapp $\frac{1}{4}$ l Wasser
3 kg durchwachsener roher Schweinebauch
Salz
schwarzer Pfeffer
1 EL Weißweinessig
1 Bund Basilikum
1 Bund Petersilie
5 Knoblauchzehen
4 Schalotten
150 g gekeimte Sonnenblumenkerne
4 EL Olivenöl

Grünkernschrot mit Wasser zum Kochen bringen und 10 Minuten leise köcheln lassen. Auf der ausgeschalteten Kochplatte zugedeckt quellen lassen. Schwarte des Schweinebauchs mit einem scharfen Messer rautenförmig einschneiden. Fleisch rundherum mit Salz und Pfeffer einreiben. Innenseite mit Essig bestreichen. Basilikum und Petersilie waschen, trockenschwenken und fein hacken. Knoblauch und Schalotten schälen und ebenfalls sehr fein hacken. Kräuter, Knoblauch und Schalotten mit Grünkern, Sonnenblumenkernen und Olivenöl mischen. Paste gleichmäßig auf der Innenseite des Schweinebauchs verteilen. Fleisch aufrollen und mit Küchengarn zum Rollbraten binden. Braten auf den Grillspieß stecken und etwa 90 Minuten grillen.

Gefüllte Lammschulter

1 kg Lammschulter ohne Knochen
Salz
15 Lorbeerblätter
200 g Tomaten
3 Knoblauchzehen
100 g Tofu
1 EL Sojasauce
schwarzer Pfeffer

Lammschulter trockentupfen und mit Salz einreiben. Auf der Innenseite mit Lorbeerblättern belegen. Tomaten waschen, abtrocknen und würfeln, dabei Stielansätze entfernen. Knoblauchzehen schälen. Tomaten, Knoblauch und Tofu im Mixer pürieren. Mit Sojasauce und Pfeffer abschmecken und auf der Lammschulter verstreichen. Fleisch aufrollen und mit Küchengarn zum Rollbraten binden. Auf den Grillspieß stecken und etwa 60 Minuten grillen.

Lamm mit Kichererbsen

150 g Kichererbsen
1 Bund Suppengrün
100 g durchwachsener Speck
2 Zwiebeln
500 g Lammschulter
⅛ l Fleischbrühe
3 Knoblauchzehen
250 g rote Paprikaschoten
250 g Tomaten
12 schwarze Oliven
1 EL Olivenöl
Salz
schwarzer Pfeffer
1 EL gehackte Petersilie

Kichererbsen kalt abspülen, mit Wasser bedecken und 12 Stunden einweichen. Suppengrün putzen und zu den Kichererbsen geben. Alles einmal aufkochen, dann zugedeckt 30 Minuten köcheln lassen. Inzwischen Speck würfeln. Eine Zwiebel schälen und fein hacken. Speck in einem Bräter bei schwacher Hitze ausbraten. Fleisch von Fett und Sehnen befreien und würfeln. Zwiebel im Speckfett glasig braten. Fleisch zufügen und anbraten. Kichererbsen abgießen, Suppengrün wegwerfen. Kichererbsen abgießen, Suppengrün wegwerfen. Kichererbsen zum Lamm geben, Fleischbrühe angießen und alles einmal aufkochen. Zugedeckt 50 Minuten schmoren. Inzwischen restliche Zwiebel und Knoblauch schälen und hacken. Paprikaschoten putzen, waschen und in Streifen schneiden. Tomaten häuten und würfeln, dabei Kerne und Stielansätze entfernen. Öl erhitzen. Zwiebel und Knoblauch darin glasig braten. Paprika und Tomaten zugeben und so lange braten, bis die Flüssigkeit verdampft ist. Oliven halbieren und entsteinen. Zum Gemüse geben und alles mit Salz und Pfeffer würzen. Gemüse zum Lamm geben und alles weitere 10 Minuten schmoren. Mit der Petersilie bestreut servieren.

Rindfleisch mit roten Linsen

500 g Rindfleisch (Hüfte)
1 Zwiebel
2 Knoblauchzehen
1 Briefchen Safranfäden
3 EL heißes Wasser
3 EL Sonnenblumenöl
gut 1/8 l heiße Fleischbrühe
Salz
Cayennepfeffer
Zimtpulver
200 g rote Linsen
1/2 Becher saure Sahne (125 g)

Fleisch in gulaschgroße Würfel schneiden. Zwiebel und Knoblauch schälen und fein hacken. Safran im Wasser auflösen. Das Öl langsam erhitzen und die Fleischwürfel portionsweise darin anbraten. Zwiebel und Knoblauch zugeben und glasig braten. Fleischbrühe angießen und alles mit Safran, Salz, Cayennepfeffer und einer Prise Zimt würzen. Einmal aufkochen, dann zugedeckt bei schwacher Hitze 90 Minuten schmoren. Linsen und saure Sahne untermischen und alles weitere 15 Minuten schmoren.

Schweinefilet mit Tofu

200 g Tofu
5 EL Sojasauce
4 EL trockener Sherry
300 g Schweinefilet
400 g Lauch
1 Knoblauchzehe
2 EL Roggenmehl Type 1700
3 EL Sonnenblumenöl
1/8 l Fleischbrühe
1 TL Speisestärke
2 EL kaltes Wasser
Salz
weißer Pfeffer

Tofu abtropfen lassen und in Würfel schneiden. Würfel mit Sojasauce und einem Eßlöffel Sherry übergießen und zwei Stunden marinieren, dabei häufig wenden. Filet in Streifen schneiden. Lauch putzen, waschen und in Ringe teilen, dabei etwa zwei Drittel des Lauchgrüns mitverwenden. Knoblauch schälen und fein hacken. Tofuwürfel abtropfen lassen und im Mehl wenden. Portionsweise in 2 EL Öl goldgelb braten. Herausnehmen und warm halten. Schweinefilet im restlichen Öl anbraten, bis es sich grau färbt. Ebenfalls warm halten. Knoblauch und Lauch im verbliebenen Öl etwa zwei Minuten braten. Mit Brühe, der Marinade vom Tofu und dem restlichen Sherry aufgießen und weitere 5 Minuten garen. Fleisch und Tofu wieder zugeben und erwärmen. Speisestärke mit Wasser glattrühren und die Sauce damit binden. Mit Salz und Pfeffer abschmecken und sofort servieren.

Huhn mit weißen Bohnen

250 g weiße Bohnen
1 l Wasser
2 Zwiebeln
1 Knoblauchzehe
1 Möhre
1 Stange Lauch
1 Huhn von etwa 1,2 kg
Salz
weißer Pfeffer
1 EL Butterschmalz
4 Gewürznelken
1 Lorbeerblatt
1 EL getrockneter Majoran
3 EL milder Essig

Bohnen kalt abspülen, mit dem Wasser bedecken und 12 Stunden einweichen. Am nächsten Tag mit dem Einweichwasser zum Kochen bringen und zugedeckt 1 Stunde vorgaren. Inzwischen Zwiebeln und Knoblauch schälen. Eine Zwiebel halbieren. Restliche Zwiebel und Knoblauch fein hacken. Möhre schaben, waschen und würfeln. Lauch putzen, waschen und in Ringe schneiden, dabei zwei Drittel des Lauchgrüns mitverwenden. Huhn in acht Stücke teilen und mit Salz und Pfeffer einreiben. Butterschmalz erhitzen. Hühnerstücke darin anbraten. Gehackte Zwiebel, Knoblauch, Möhre und Lauch zugeben und braten, bis die Zwiebel glasig ist. Bohnen mit etwa der Hälfte des Kochwassers, Zwiebelhälften, Nelken, Lorbeerblatt und Majoran zugeben. Alles einmal aufkochen, dann 1 Stunde zugedeckt garen. Mit Salz, Pfeffer und Essig abschmecken und servieren.

Gefülltes Hähnchen

50 g Roggen
100 ccm Wasser
1 Huhn von etwa 1,4 kg
1 Zwiebel
1 Knoblauchzehe
1 Bund Petersilie
1 Ei
Salz
schwarzer Pfeffer
1 EL Öl
1 EL Zitronensaft

Roggen mit Wasser zum Kochen bringen und 1 Stunde leise köcheln lassen. Dann auf der abgeschalteten Kochplatte weitere 30 Minuten ausquellen lassen. Innereien aus dem Huhn nehmen und kalt abspülen. Leber und Herz putzen und würfeln. Zwiebel und Knoblauch schälen und fein hacken. Petersilie waschen, trockenschwenken und ebenfalls fein hacken. Roggen gegebenenfalls abgießen und mit Innereien, Zwiebel, Knoblauch, Petersilie und Ei mischen. Füllung mit Salz und Pfeffer würzen. Huhn innen und außen trockentupfen und mit Salz und Pfeffer einreiben. Roggenmischung einfüllen. Bauchöffnung schließen. Öl und Zitronensaft mischen und das Huhn damit bestreichen. Huhn im vorgeheizten Backofen bei 200° insgesamt 90 Minuten braten, dabei einmal wenden und häufig mit dem Bratensaft bepinseln.

Gänsekeulen mit roten Bohnen

250 g rote Bohnen
2 Gänsekeulen (je etwa 500 g)
Salz
schwarzer Pfeffer
1 säuerlicher Apfel
1 Möhre
1 Stange Lauch
1 große Zwiebel
1 Knoblauchzehe
1 EL Gänseschmalz
4 Gewürznelken
1 Lorbeerblatt
einige Zweige frischer Thymian
Weißweinessig

Bohnen kalt abspülen, mit Wasser bedecken und 12 Stunden quellen lassen. Gänsekeulen waschen, trockentupfen und rundherum mit Salz und Pfeffer einreiben. Apfel waschen, vom Kerngehäuse befreien und ungeschält grob würfeln. Möhre schaben, waschen und ebenfalls würfeln. Lauch putzen, waschen und in Ringe schneiden, dabei etwa zwei Drittel des Lauchgrüns mitverwenden. Zwiebel und Knoblauch schälen und fein hacken. Gänseschmalz erhitzen und die Gänsekeulen darin rundherum braun anbraten. Apfel, Möhre, Lauch, Zwiebel und Knoblauch zugeben und mitbraten. Bohnen mit dem Einweichwasser zufügen. Gewürznelken, Lorbeerblatt und abgespülten Thymian ebenfalls zugeben. Gänsekeulen im vorgeheizten Backofen bei 180° etwa 2 Stunden schmoren. Mit einem kräftigen Schuß Essig abschmecken und sofort servieren.

Rührei mit Wurst und Sprossen

250 g Fleischwurst
1 kleine Zucchina
1 Zwiebel
1 Knoblauchzehe
1 EL Öl
2 EL gekeimte Mungobohnen
1 Bund Petersilie
8 Eier
Salz
schwarzer Pfeffer
3 EL geriebener Emmentaler-Käse
2 EL Butter

Fleischwurst von der Haut befreien und in Streifen schneiden. Zucchina waschen, abtrocknen und würfeln. Zwiebel und Knoblauchzehe schälen und hacken. Öl in einer Pfanne erhitzen, Zwiebel und Knoblauch darin glasig braten. Wurst, Zucchina und Mungobohnen unter Rühren mitbraten, bis die Zucchina weich ist. Gewaschene Petersilie hacken. Eier mit Petersilie, Salz, Pfeffer und Käse verquirlen. Butter zur Wurst in die Pfanne geben und erhitzen. Eier zugießen und mit einer Gabel durchrühren, bis die Eier gestockt, aber noch weich sind. Rühreier auf vorgewärmten Tellern verteilen und servieren.

Beilagen: Brot und Salat.

Gefüllte Kalbsbrust mit Buchweizen

1,5 kg Kalbsbrust
½ l Wasser
2 Möhren
2 Zwiebeln
1 Bund Petersilie
100 g Buchweizen
¼ l Gemüsebrühe
100 g Butter
2 Schalotten
200 g Champignons
½ Paket Tiefkühl-Erbsen
1 Paket gemischte Tiefkühl-Kräuter
2 Eier
1 EL feingeriebenes Knäckebrot
Salz
weißer Pfeffer
Muskat
4 EL Öl
2 Zweige frischer Thymian
¼ l trockener Weißwein

Die Knochen der Kalbsbrust vom Metzger auslösen lassen und für die Brühe mitnehmen. In das Fleisch eine Tasche zum Füllen schneiden lassen. Knochen mit Wasser bedeckt zum Kochen bringen. Je 1 geschälte Möhre und Zwiebel sowie die Stiele der Petersilie zugeben. Knochen bei schwacher Hitze 2 Stunden leise sieden lassen. Knochen und Gemüse wegwerfen, Brühe entfetten und ¼ l davon abmessen. Buchweizen mit der abgemessenen Brühe und der Gemüsebrühe einmal aufkochen und zugedeckt bei schwacher Hitze 5 Minuten köcheln lassen. Topf vom Herd ziehen, und den Buchweizen 15 Minuten quellen, dann abkühlen lassen. Die Hälfte der Butter schaumig rühren und unter den Buchweizen mischen. Schalotten schälen und hacken, in 1 EL Butter glasig braten. Geputzte, blättrig geschnittene Pilze und Erbsen zugeben und 5 Minuten bei mittlerer Hitze dünsten. Petersilienblättchen fein hacken. Abgekühlte Pilze und Erbsen, Petersilie, Kräuter, Eier und Knäckebrot unter den Buchweizen rühren. Alles mit Salz, Pfeffer und Muskat abschmecken. Fettschicht des Fleisches bis auf etwa 2 cm abschneiden. Fleisch trockentupfen, innen und außen mit Salz und Pfeffer würzen und mit der Buchweizenfarce füllen. Öffnung mit Küchengarn zunähen. Öl erhitzen, Kalbsbrust rundherum bei starker Hitze darin braun anbraten. Restliche Möhre und Zwiebel schälen und hacken. Thymian waschen, Blättchen abzupfen. Möhre, Zwiebel und Thymian zum Fleisch geben und mitbraten. Restliche Kalbsbrühe und Weißwein zugießen. Fleisch mit der übrigbehaltenen Butter bestreichen. Schmortopf schließen und in den heißen Backofen stellen. Kalbsbrust bei 200° etwa 2½ Stunden schmoren, dabei immer wieder mit der Flüssigkeit beschöpfen, die sich im Schmortopf sammelt. Gare Kalbsbrust in Folie gewickelt 15 Minuten ruhen lassen. Inzwischen die Sauce nach Wunsch entfetten und etwas einkochen lassen. Kalbsbrust in Scheiben schneiden. Sauce gesondert servieren.

Beilage: Kartoffelklöße oder Grüne Klöße *(siehe Rezept Seite 163)* und gemischte Rohkostsalate.

Linsen mit Bratwurst

(Abb. Seite 129)

300 g braune Linsen
1 l Wasser
1 Lorbeerblatt
2 schwarze Pfefferkörner
1 Bund Suppengrün
1 Zwiebel
1 Stange Sellerie
5 EL Öl
4 Bratwürste
Salz
schwarzer Pfeffer
1 Prise Zucker
1 TL gekörnte Brühe
3 EL Rotweinessig

Linsen mit Wasser, Lorbeerblatt und Pfefferkörnern zum Kochen bringen und zugedeckt 45 Minuten kochen lassen. Inzwischen Suppengrün putzen, waschen und würfeln. Geschälte Zwiebel hacken, Sellerie waschen und in Scheiben schneiden. 1 EL Öl erhitzen, Suppengrün, Zwiebel und Sellerie darin unter Rühren anbraten. Linsen mit Kochwasser zugeben und alles weitere 15—20 Minuten garen. Währenddessen die Bratwürste im restlichen Öl rundherum braten. Linsen mit Salz, Pfeffer, gekörnter Brühe und Essig abschmecken. Zu den Würsten servieren.

Gebratene Gans mit Äpfeln und Sprossen

4 EL Mungobohnen
500 g säuerliche Äpfel
2 Zwiebeln
1 junge Gans von etwa 4 kg
2 EL Butter
2 EL trockener Weißwein
1 EL getrockneter Beifuß
1 Prise Zimt
Salz
schwarzer Pfeffer
1 Möhre
1 Stück Sellerie von etwa 100 g
¼ l Wasser
1 TL getrockneter Thymian
knapp ⅛ l dunkles Bier

Mungobohnen in Keimschalen oder Einmachgläser geben, mit Wasser bedecken und 3 Tage keimen lassen *(siehe Seite 22)*. Sprossen kalt abspülen und abtropfen lassen. Äpfel vierteln, vom Kerngehäuse befreien, schälen und würfeln. 1 Zwiebel schälen und hacken. Die Innereien der Gans von Fett und Sehnen befreien und kleinschneiden. Butter zerlassen, Zwiebel darin glasig braten. Innereien zugeben und mitbraten. Äpfel und Sprossen untermischen, Wein zugießen. Alles bei schwacher Hitze zugedeckt 10 Minuten dünsten und abkühlen lassen. Mit Beifuß, Zimt, Salz und Pfeffer würzen. Gans innen und außen kalt abspülen, abtropfen lassen und mit einem Küchentuch trockenreiben. Die Haut und die Bauchöffnung mit Salz und Pfeffer einreiben. Gans mit der Apfel-Sprossen-Mischung füllen, die Öffnung verschließen. Restliche Zwiebel, Möhren und Sellerie schälen. Wasser mit 1 kräftigen Prise Salz zum Kochen bringen. Gans mit der Brust nach unten in einen Bräter legen, Zwiebel, Möhre und Sellerie zugeben und die Gans mit dem Wasser übergießen. Thymian zwischen zwei Fingern zerreiben und an den Seiten der Gans in den Bräter streuen. Bräter in den heißen Backofen schieben und die Gans bei 200° etwa 60 Minuten braten, bis Fett austritt, dann wenden, so daß sie mit den Keulen nach oben im Bräter liegt. Die Haut seitlich unterhalb der Keulen mehrmals einstechen, damit die Fettschicht unter der Haut weiter ausbraten und das flüssige Fett abtropfen kann. Gans weitere 70—80 Minuten braten. Während dieser Zeit das

Fett, das sich in dem Bräter sammelt, etwa alle 10 Minuten abschöpfen und die Gans mit dem Bratensaft begießen. Backofen auf 240° schalten, Gans auf den Rost legen, den Bräter darunterschieben, und die Gans weitere 30 Minuten bräunen lassen, dabei immer wieder mit Bier bepinseln. Gebratene Gans tranchieren und auf einer vorgewärmten Platte im abgeschalteten Backofen warm halten. Sauce entfetten und den Bratensatz mit einem Holzlöffel abschaben. Sauce zur Gans servieren.

Beilagen: Kartoffelklöße, Rotkraut oder Rosenkohl.

Putenfrikadellen mit Mais

1 Vollkornbrötchen
300 g Putenschnitzel
1 Zwiebel
150 g Maiskörner (Dose)
1 Ei
1 TL abgeriebene Zitronenschale
1 EL gehackte Petersilie
Salz
Cayennepfeffer
2 EL Öl

Brötchen in lauwarmem Wasser einweichen, gut ausdrücken und fein zerpflücken. Putenfleisch trockentupfen und mit einem großen Messer sehr fein hacken. Zwiebel schälen und ebenfalls fein hacken. Maiskörner abtropfen lassen. Mit Brötchen, Putenfleisch, Zwiebel, Ei, Petersilie und Zitronenschale zu einem Teig mischen. Mit Salz und Cayennepfeffer pikant abschmecken und zu Frikadellen formen. Öl erhitzen, und die Frikadellen darin bei mittlerer Hitze pro Seite etwa 5 Minuten braten.

Entenbraten mit Hirse

1 Zwiebel
1 Knoblauchzehe
1 EL Öl
100 g Hirse
knapp 200 ccm Hühnerbrühe
1 junge Ente von etwa 2 kg
1 TL Butter
Salz
schwarzer Pfeffer
1 EL getrockneter Majoran
⅛ l heißes Wasser
⅛ l dunkles Bier

Zwiebel und Knoblauch schälen und hacken. Im heißen Öl glasig braten. Hirse zugeben und mitbraten, bis sie ganz vom Öl überzogen ist. Brühe zugießen, Hirse einmal aufkochen und zugedeckt bei schwacher Hitze 30 Minuten köcheln lassen. Herz, Magen und Leber aus der Ente nehmen, in kleine Würfel schneiden und in der heißen Butter rundherum anbraten. Unter den Hirsebrei mischen. Alles mit Salz, Pfeffer und Majoran würzen. Ente trockentupfen, innen und außen mit Salz und Pfeffer einreiben und mit der Hirsemasse füllen. Öffnung zustecken oder mit Küchengarn zunähen. Ente mit der Brust nach unten in einen Bräter legen, in den heißen Backofen schieben und bei 200° 40 Minuten braten. Ente wenden und die Haut unterhalb der Keulen einstechen, ohne dabei ins Fleisch zu stechen. Wasser an den Seiten hinzugießen. Ente weitere 70 Minuten braten, dabei das Fett etwa alle 10 Minuten abschöpfen und die Ente mit dem Bratensaft übergießen, der sich am Boden des Bräters sammelt. Ente auf den Rost legen und wieder in den Ofen schieben. Den Bräter unter die Ente stellen, damit sich der abtropfende Saft darin sammelt. Ente weitere 30 Minuten braten und dabei sehr häufig mit dem Bier bestreichen, damit die Haut schön braun und knusprig wird. Gebratene Ente tranchieren und warm halten. Sauce nach Wunsch entfetten und gesondert zur Ente reichen.

Beilagen: Kartoffelklöße und Salat.

Spareribs mit Bohnenpüree

1 Zwiebel
2 Tomaten
1 EL Öl
1–2 getrocknete rote Pfefferschoten
1 Dose rote Bohnen
1 EL Öl
Salz
1 Prise Zucker

2 kg Spareribs
schwarzer Pfeffer
2 Knoblauchzehen
4 EL Tomatenketchup
2 EL Sangrita picante
1 EL Honig
3 EL Olivenöl
1 Schuß Rotweinessig
1 EL Paprikapulver edelsüß

Zwiebel schälen und hacken. Tomaten häuten und würfeln, dabei Stielansätze und Kerne entfernen. Pfefferschoten zwischen den Fingern zerreiben und einen Teil der brennendscharfen Kerne wegwerfen. Bohnen abtropfen lassen. Öl erhitzen, Zwiebel darin glasig braten. Tomaten, Pfefferschoten und Bohnen zugeben und alles zugedeckt bei schwacher Hitze 1 Stunde köcheln lassen. Bohnen mit einer Gabel zerdrücken und alles nun unter ständigem Rühren bei starker bis mittlerer Hitze so lange einkochen, bis das Bohnenpüree ziemlich trocken ist. Mit Salz und Zucker würzen und abkühlen lassen. Spareribs an den Knochen entlang in Stücke teilen und mit einem feuchten Tuch abreiben, um alle Knochensplitter zu entfernen. Spareribs rundherum mit Salz und Pfeffer einreiben, auf den Rost des heißen Holzkohlengrills legen und unter häufigem Wenden 15 Minuten grillen. Inzwischen Knoblauch schälen und mit Salz fein zerdrücken. Mit Ketchup, Sangrita picante, Honig, Olivenöl, Rotweinessig und Paprikapulver verrühren. Spareribs mit der Glasur bestreichen und weitere 10 Minuten grillen. Gegebenenfalls den Rost weiter von der Glut entfernt einhängen, denn die Glasur wird bei starker Hitze dunkel. Bohnenpüree zu den Spareribs servieren.

Beilagen: Brot und Salat.

Rotkohlrouladen mit Buchweizen

100 g durchwachsener Räucherspeck
1 Zwiebel
2 EL Öl
100 g Buchweizen
0,5 l Gemüsebrühe
Salz
1 Rotkohl von etwa 1 kg
6 dünne Scheiben roher Schinken
500 g Tomaten
150 g Champignons
1 EL Butter
½ Päckchen gemischte Tiefkühl-Kräuter
1 EL getrockneter Oregano
1 Ei
schwarzer Pfeffer
¼ l Sahne
1 EL gehackte Petersilie

Speck fein würfeln, Zwiebel schälen und hacken. Beide Zutaten in 1 EL heißen Öl bei mittlerer bis schwacher Hitze etwa 10 Minuten braten. Buchweizen zugeben und kurz mitbraten. Etwa ein Drittel der Gemüsebrühe zugießen, Buchweizen einmal aufkochen und dann zugedeckt bei schwacher Hitze 5 Minuten köcheln, dann weitere 15 Minuten auf der abgeschalteten Kochplatte zugedeckt quellen lassen. Inzwischen reichlich Wasser mit Salz zum Kochen bringen. Rotkohl putzen, die welken äußeren Blätter entfernen und den Strunk mit einem spitzen Messer herausschneiden. Rotkohl in das sprudelnd kochende Wasser legen und 5—6 Minuten kochen lassen, bis die äußeren Blätter so weich sind, daß man sie ablösen und leicht aufrollen kann. Kohlkopf herausnehmen und 12 Blätter ablösen, dann den Kohlkopf weitere 5 Minuten garen. Die dicken Rippen der abgelösten Kohlblätter flachschneiden. Die 6 größeren Blätter nebeneinander auf der Arbeitsfläche ausbreiten und die restlichen Kohlblätter und die Schinkenscheiben darauflegen. Tomaten häuten und würfeln, dabei Stielansätze und Kerne entfernen. Champignons putzen, waschen, blättrig schneiden und in der erhitzten Butter 5 Minuten dünsten. Rotkohl aus dem Wasser nehmen, abtropfen lassen, halbieren und den Strunk vollkommen herausschneiden. Kohl fein zerkleinern. Buchweizenbrei mit dem zerkleinerten Rotkohl, einem Drittel der gewürfelten Tomaten, den Pilzen, Kräutern, Oregano und Ei mischen, und mit Salz und Pfeffer pikant abschmecken.

Buchweizenfüllung auf den Kohlblättern verteilen, die Blätter an den Seiten einschlagen, wie Rouladen aufrollen und mit Küchengarn umbinden. Das restliche Öl erhitzen, und die Rotkohlrouladen darin bei mittlerer Hitze rundherum anbraten. Restliche Gemüsebrühe und Tomaten zugeben. Rotkohlrouladen zugedeckt bei schwacher Hitze etwa 30 Minuten schmoren, dann auf einer vorgewärmten tiefen Platte anrichten und warm halten. Sahne in die Schmorflüssigkeit rühren und die Sauce bei starker Hitze cremig einkochen lassen. Rotkohlrouladen mit der Sauce umgießen und mit Petersilie bestreut anrichten.

Beilage: Pellkartoffeln oder auch Naturreis.

Vegetarische Hauptgerichte

Buchweizenpflänzchen mit Wirsinggemüse

150 g Buchweizen
350 ccm Wasser
100 g Weizenmehl
Type 1050
50 g Weizenvollkorngrieß
3 Eier
4 EL saure Sahne
1 Bund Dill
Salz
frisch gemahlener weißer Pfeffer
Muskat
Öl zum Braten
1 Wirsingkohl von ca 700 g
2 EL Butter
1 Zwiebel
½ TL Kreuzkümmel
½ TL Kurkuma
⅛ l Sahne
1 EL gehackte Petersilie

Grob geschroteten Buchweizen mit Wasser aufkochen und zugedeckt bei schwacher Hitze 20 Minuten köcheln lassen. Topf vom Herd ziehen und den Buchweizen 1 Stunde quellen lassen. Dann mit Mehl, Grieß, Eiern, saurer Sahne, gehacktem Dill, Salz, Pfeffer und geriebener Muskatnuß zu einem formbaren Teig mischen. Mit einem EL Pflänzchen abstechen und diese im heißen Öl bei mittlerer Hitze auf beiden Seiten insgesamt etwa 10 Minuten braten. Pflänzchen warm halten. Wirsing putzen, waschen, vom Strunk und den harten Blattrippen befreien und in Streifen schneiden. Mit der gehackten Zwiebel in Butter anschwitzen. Salz, Pfeffer, abgeriebene Muskatnuß, Kreuzkümmel, Kurkuma und Sahne untermischen. Gemüse zugedeckt 5 Minuten garen. Mit Petersilie bestreut anrichten und die Buchweizenpflänzchen dazu servieren.

 Kichererbsen mit Spinat und Sahne (Rezept S. 72) ▷

Maultaschen

300 g Weizenmehl
Type 1050
3 Eier
Salz
1 EL Öl
evtl. 1 Eigelb
2 Zwiebeln
1 Knoblauchzehe
1 EL Butter
600 g Tiefkühl-Spinat
weißer Pfeffer
Muskat
¼ l süße Sahne
100 g gekeimte Sonnenblumenkerne
100 g Butter
3 EL geriebenes Vollkornbrot

Mehl, Eier, Salz und Öl zu einem geschmeidigen Nudelteig verkneten. Sollte er zu fest sein, das Eigelb und eventuell einige Tropfen kaltes Wasser zugeben. In Alufolie gewickelt 30 Minuten ruhen lassen. Inzwischen Zwiebeln und Knoblauch schälen und hacken. Butter erhitzen. Zwiebeln und Knoblauch darin glasig braten. Spinat zufügen und bei schwacher Hitze auftauen lassen. Dann Temperatur höher schalten und den Spinat so lange garen, bis die Flüssigkeit verdampft ist. Mit Salz, Pfeffer und Muskat abschmecken. Sahne nach und nach zugießen und jeweils wieder einkochen lassen. Sonnenblumenkerne untermischen. Teig auf wenig Mehl dünn ausrollen und mit dem Teigrädchen in Quadrate teilen. Jeweils einen Teelöffel Spinatmischung daraufsetzen, Quadrate zusammenklappen und die Ränder gut festdrücken. Maultaschen in sprudelnd kochendem Salzwasser etwa 5 Minuten garen, dann herausheben, abtropfen lassen und auf einer vorgewärmten Platte warm halten. Butter zerlassen, Vollkornbrösel darin braun werden lassen und über die Maultaschen gießen.

Beilage: Gemischter Salat oder Tomatensalat.

◁ *Linsen und Bratwurst (Rezept S. 121)*

Kichererbsen mit Gemüse

250 g Kichererbsen
1 Sellerieknolle (ca. 700 g)
1 Petersilienwurzel
1 Möhre
250 g Lauch
1 Zwiebel
1 Knoblauchzehe
1 EL Butter
1 kleine Dose Tomaten
½ EL getrocknetes Bohnenkraut
Salz
schwarzer Pfeffer
1 Becher Sahnejoghurt (125 g)
1 EL gehackte Petersilie

Kichererbsen mit Wasser bedeckt 12 Stunden einweichen, dann im Einweichwasser 1½ Stunden kochen. Sellerie, Petersilienwurzel und Möhre schälen, waschen und klein würfeln. Lauch in Ringe schneiden. Zwiebel und Knoblauch hacken. Alle diese Zutaten in der heißen Butter anbraten. Kichererbsen abgießen und untermischen. Tomaten und Bohnenkraut zugeben. Das Gemüse einmal aufkochen und zugedeckt bei schwacher Hitze 10 Minuten kochen lassen. Mit Salz und Pfeffer abschmecken, Joghurt untermischen und das Gericht mit Petersilie bestreuen.

Beilage: Naturreis oder Fladenbrot.

Gefüllte Paprikaschoten

350 g Zucchini
2 Knoblauchzehen
2 Tomaten
2 EL Olivenöl
200 g Tofu
Salz
weißer Pfeffer
1 EL frische Thymianblättchen
4 große rote Paprikaschoten
¼ l Gemüsebrühe
½ Becher Crème fraîche

Zucchini waschen, trockentupfen und grob würfeln. Knoblauch schälen und fein hacken. Tomaten häuten und würfeln, dabei Stielansätze und Kerne entfernen. Öl erhitzen und die Zucchiniwürfel darin anbraten. Knoblauch zugeben und glasig braten. Tomaten untermischen und kurz mitbraten. Mischung abkühlen lassen. Tofu fein würfeln und zufügen. Füllung mit Salz und Pfeffer würzen. Thymian untermischen. Von den Paprikaschoten jeweils einen Deckel abschneiden. Schoten putzen, waschen und abtrocknen. Innen mit etwas Salz ausstreuen und füllen. Deckel wieder aufsetzen. Gemüsebrühe erhitzen, Schoten hineinsetzen und zugedeckt bei schwacher Hitze etwa 40 Minuten schmoren. Schoten herausheben und warm halten. Brühe bei starker Hitze einkochen lassen. Crème fraîche zugießen und ebenfalls einkochen lassen. Sauce mit Salz und Pfeffer abschmecken und zu den Schoten servieren.

Kichererbsen in Kokosmilch

300 g Kichererbsen
ausgelöstes Kokosnußfleisch von 2 Kokosnüssen von je ca. 500 g
$^3/_8$ l warmes Wasser
1 Zwiebel
1 Knoblauchzehe
1 EL Sonnenblumenöl
1 zerriebene rote Pfefferschote
1 TL Kurkuma
1 TL Kreuzkümmel
1 TL gemahlener Zimt
Salz
1 EL gehackte Petersilie

Kichererbsen mit kaltem Wasser bedeckt 12 Stunden einweichen und dann im Einweichwasser 1½ Stunden kochen. Für die Kokosmilch die Kokosnüsse öffnen, das Fleisch herauslösen, in Stücke brechen, mit Wasser übergießen und im Mixer pürieren. Das Kokospüree durch ein mit einem Küchentuch ausgelegtes Sieb gießen, gut ausdrücken und wegwerfen. Die ausgepreßte Kokosmilch beiseite stellen. Gehackte Zwiebel und Knoblauchzehe im heißen Öl glasig braten. Kichererbsen abgießen und zugeben. Gewürze und Kokosmilch untermischen. Kichererbsen einmal aufkochen und im offenen Topf bei starker Hitze 20 Minuten kochen, dabei häufig umrühren. Mit Salz abschmecken und mit der Petersilie bestreut anrichten.

Beilage: Reis oder Fladenbrot.

Gemüsepfanne mit Kichererbsenklößchen

Für 6 Personen:
500 g Kichererbsen
1 Zwiebel
4 Knoblauchzehen
2 Bund Petersilie
Salz
schwarzer Pfeffer
½ TL Kurkuma
1 TL gemahlener Kreuzkümmel
½ EL gemahlener Koriander
Chilipulver
2 EL Weizenvollkornmehl
600 g Gemüse (Auberginen, Zucchini, Paprikaschoten und Tomaten)
1 Gemüsezwiebel
4 Zweige frischer oder
1 TL getrockneter Thymian
⅛ l Gemüsebrühe
¼ l Sonnenblumenöl

Kichererbsen kalt abspülen, mit Wasser bedecken und 12 Stunden einweichen. Dann Zwiebel und 2 Knoblauchzehen schälen. Zwiebel vierteln. Petersilie waschen, trockenschwenken und fein hacken. Kichererbsen abtropfen lassen und zusammen mit den Zwiebelvierteln und den geschälten Knoblauchzehen im Mixer pürieren. Masse mit Petersilie, Salz, schwarzem Pfeffer, Kurkuma, Kreuzkümmel, Koriander und Chilipulver sowie dem Mehl zu einem festen, formbaren Teig verkneten. Teig zugedeckt ruhenlassen. Auberginen und Zucchini von Stiel- und Blütenansätzen befreien und in Scheiben schneiden. Paprikaschoten putzen, waschen und in Streifen teilen. Tomaten häuten und würfeln. Dabei Stielansätze und Kerne entfernen. Gemüsezwiebel schälen und in Ringe schneiden. Frischen Thymian waschen und trockenschwenken. Restlichen Knoblauch ebenfalls schälen. Aus dem Kichererbsenteig mit angefeuchteten Händen walnußgroße Kugeln formen. Öl bis auf 1 EL erhitzen und die Kugeln portionsweise je etwa 4 Minuten darin ausbacken. Klößchen jeweils zum Abfetten auf Küchenpapier legen und im Backofen warm halten. Inzwischen Gemüse mit unzerkleinerten Knoblauchzehen, Kräutern, Gemüsebrühe und restlichem Öl zum Kochen bringen. Temperatur zurückschalten und Gemüse zugedeckt in 5—10 Minuten bißfest garen. Kräuter aus dem Gemüse nehmen und das Gemüse mit Salz und Pfeffer abschmecken. Klößchen getrennt dazu servieren.

Kräuterklößchen in Lauchsauce

1 Schalotte
1 Knoblauchzehe
300 g Tofu
½ Bund Dill
½ Bund Petersilie
1 Bund Schnittlauch
1 Ei
2 EL geriebene Haselnüsse
2 EL geriebenes Vollkornbrot
Salz
weißer Pfeffer
300 g Lauch
¼ l Gemüsebrühe
1 Becher Crème fraîche (200 g)
⅛ l süße Sahne
1 Eigelb
2 TL Zitronensaft

Schalotte und Knoblauch schälen und sehr fein hacken. Tofu mit einer Gabel zerdrücken. Kräuter waschen und trockenschwenken. Dill und Petersilie fein hacken, Schnittlauch in feine Röllchen schneiden. Schalotte, Knoblauch, Tofu, Kräuter, Ei, Haselnüsse und Vollkornbrösel zu einem geschmeidigen Teig verkneten. Mit Salz und Pfeffer würzen und zu kleinen Klößchen formen. Lauch putzen, waschen und in 5 cm lange Stücke teilen. Stücke noch einmal längs halbieren. Gemüsebrühe zum Kochen bringen, Klößchen einlegen und 3 Minuten gar ziehen lassen. Lauch zugeben und weitere 2 Minuten garen. Klößchen und Lauch herausgeben, abtropfen lassen und warm halten. Brühe bei starker Hitze einkochen lassen. Crème fraîche zufügen und ebenfalls einkochen lassen. Sahne mit Eigelb verquirlen. Sauce vom Herd ziehen und mit der Sahne legieren. Mit Salz, Pfeffer und Zitronensaft abschmecken. Klößchen und Lauch wieder einlegen und erhitzen, aber nicht mehr kochen lassen. Sofort servieren.

Rouladen mit Hirse

Für 6 Personen:

100 g Hirse
4 EL Öl
½ l Gemüsebrühe
Salz
1 Wirsing von etwa 1 kg
600 g Tomaten
1 Zwiebel
je 1 Bund Schnittlauch und Petersilie
150 g Tofu
1 EL Sojasauce
1 EL getrockneter Thymian
1 Ei
schwarzer Pfeffer
½ Becher Sahne

Hirse waschen, abtropfen lassen und verlesen. 1 EL Öl erhitzen und die Hirse darin anrösten. Ein Drittel der Gemüsebrühe zugießen, Hirse einmal aufkochen, dann zugedeckt 20 Minuten köcheln lassen. Inzwischen Wirsing putzen, die welken äußeren Blätter entfernen und den Strunk so gut als möglich herausschneiden. Wirsing in sprudelnd kochendem Salzwasser 5—6 Minuten garen, bis die äußeren Blätter so weich sind, daß man sie ablösen und leicht aufrollen kann. Wirsing herausnehmen und 12 Blätter ablösen. Wirsingkopf wieder in das kochende Wasser geben und weitere 5 Minuten garen. Dicke Rippen der abgelösten Blätter flachschneiden. Die 6 größeren Blätter nebeneinander ausbreiten und die restlichen Wirsingblätter darauflegen. Tomaten häuten und würfeln. Dabei Stielansätze und Kerne entfernen. Wirsing aus dem Wasser nehmen, abtropfen lassen und fein zerkleinern. Zwiebel schälen und fein hacken. Schnittlauch und Petersilie waschen und trockenschwenken. Schnittlauch in feine Röllchen schneiden. Petersilie fein hacken. Tofu abtropfen lassen, fein zerdrücken und mit Sojasauce mischen. Hirse mit zerkleinertem Wirsing, einem Drittel der gewürfelten Tomaten, Zwiebel, Schnittlauch, der Hälfte der Petersilie, Tofu, Thymian und Ei mischen. Masse mit Salz und Pfeffer pikant abschmecken. Füllung auf den Wirsingblättern verteilen, Blätter an den Seiten einschlagen, wie Rouladen aufrollen und mit Küchengarn umbinden. Restliches Öl erhitzen und die Rouladen darin rundherum anbraten. Restliche Gemüsebrühe und Tomaten zugeben. Rouladen zugedeckt etwa 30 Minuten schmoren, dann auf einer vorgewärmten Platte anrichten und warm halten. Sahne einrühren und die Sauce bei starker Hitze cremig einkochen lassen. Rouladen mit der Sauce umgießen und mit der restlichen Petersilie bestreuen.

Gemüse in Sojamilch

500 g gemischte Gemüse (Broccoli, Blumenkohl, grüne Bohnen, Möhren)	*1 Zwiebel*
Salz	*2 Knoblauchzehen*
300 g Tomaten	*⅛ l Öl*
100 g gekeimte Mungobohnen	*1 EL Zitronensaft*
1 rote Pfefferschote	*½ TL Kurkuma*
	1 TL Senfkörner
	100 ml Sojamilch
	1 Prise Zucker

Broccoli und Blumenkohl putzen, waschen und in Röschen teilen. Bohnen ebenfalls waschen und einmal durchschneiden. Möhren schaben, waschen und in Stifte schneiden. Broccoli, Blumenkohl und Bohnen in kochendem Salzwasser 2 Minuten blanchieren, abschrecken und abtropfen lassen. Tomaten häuten und in etwa 1½ cm dicke Scheiben schneiden. Dabei Stielansätze und Kerne entfernen. Mungobohnen waschen und abtropfen lassen. Pfefferschote vom Stiel befreien, halbieren und alle Kerne entfernen. Schotenhälften waschen und in millimeterdünne Streifen schneiden. Zwiebel und Knoblauch schälen und fein hacken. Die Hälfte des Öls erhitzen. Gemüse portionsweise darin anbraten und jeweils wieder herausnehmen. Restliches Öl erhitzen. Pfefferschote, Mungokeime, Zwiebel und Knoblauch darin anbraten, bis Zwiebel und Knoblauch glasig sind. Gemüse und Tomatenscheiben lagenweise daraufschichten, Gemüse mit Zitronensaft beträufeln und mit Salz, Kurkuma und Senfkörnern bestreuen. Sojamilch rundherum am Rand der Pfanne angießen und das Gemüse zugedeckt bei schwacher Hitze etwa 10 Minuten garen. Gemüse mit Zucker abschmecken und sofort anrichten.

Eierkuchen mit Zucchini-Gemüse

1 Bund Petersilie	*2 Knoblauchzehen*
125 g Weizenvollkornmehl	*1/8 l Öl*
125 g Buchweizenmehl	*3 EL Gemüsebrühe (Instant)*
Salz	*1/2 Zitrone*
1/4 l Milch	*2 Möhren*
1/4 l Mineralwasser	*1 Prise Zucker*
2 Eier	*Salz*
500 g Zucchini	*schwarzer Pfeffer*
1 Zwiebel	*1 EL gehackter Dill*

Petersilie waschen, trockenschwenken und fein hacken. Mehl mit Salz, Milch, Mineralwasser, Eiern und Petersilie verrühren. Teig zugedeckt ruhen lassen. Zucchini waschen und abtrocknen. Stiel- und Blütenansätze entfernen, und die Zucchini ungeschält würfeln. Zwiebel und Knoblauch schälen und fein hacken. 1 EL Öl erhitzen. Etwa 1 Schöpfkelle Teig in die Pfanne geben, einen Eierkuchen backen und warm halten. Nacheinander restliche Eierkuchen backen, dabei jeweils etwas Öl zugießen. Wenn alle Eierkuchen gebacken sind, 2 weitere EL Öl erhitzen. Zwiebel und Knoblauch darin glasig braten. Zucchiniwürfel zufügen und mitbraten, bis sie rundherum gebräunt sind. Gemüsebrühe zugießen und das Gemüse zugedeckt 5—7 Minuten garen. Inzwischen Zitrone auspressen. Möhren schaben, waschen, abtrocknen und grob raspeln. Sofort mit Zitronensaft beträufeln und mit Zucker, Salz und Pfeffer würzen. Das restliche Öl untermischen. Zucchini-Gemüse ebenfalls mit Salz und Pfeffer würzen. Möhrenraspel untermischen. Das Gemüse mit Dill bestreut zu den Eierkuchen servieren.

Vollkornschmarren mit Kohlrabigemüse

250 g Weizenvollkornmehl
¼ l Dickmilch
¼ l Mineralwasser
4 EL Öl
Salz
750 g Kohlrabi
2 Schalotten
weißer Pfeffer
Muskatnuß
⅛ l Sahne
50 g frischer Kerbel
4 EL gehackte Walnußkerne

Mehl mit Dickmilch, Mineralwasser, 2 EL Öl und wenig Salz zu einem glatten Teig verrühren und zugedeckt ruhen lassen. Inzwischen Kohlrabi putzen, dabei das zarte Grün abschneiden und beiseite legen. Kohlrabi schälen, waschen und in Stifte schneiden. Schalotten schälen und fein hacken. Für den Schmarren 1 weiteren EL Öl erhitzen. Teig einfüllen und backen, bis er an den Rändern fest wird. Pfannkuchen wenden, auf der zweiten Seite ebenfalls backen, dann mit zwei Gabeln in Stücke reißen. Unter häufigem Wenden weitere 2 Minuten braten, dann aus der Pfanne nehmen und warm halten. Restliches Öl erhitzen. Schalotten darin glasig braten. Kohlrabistifte zugeben und so lange mitrösten, bis sie vom Öl überzogen sind. Gemüse mit Salz, Pfeffer und Muskatnuß würzen. Sahne zugießen und die Kohlrabi zugedeckt in etwa 5—8 Minuten bißfest garen. Inzwischen Kerbel verlesen, waschen, trockenschwenken und fein zerkleinern. Kohlrabigrün ebenfalls kalt abspülen, trockentupfen und fein hacken. Kerbel unter das gegarte Gemüse mischen. Kohlrabi in eine vorgewärmte Schüssel füllen und mit Kohlrabigrün und Walnüssen bestreut zum Vollkornschmarren servieren.

Gemüsefrikadellen mit Tofu

1 Kohlrabi (etwa 350 g)
200 g Zucchini
200 g Lauch
1 Zwiebel
2 Knoblauchzehen
1 Bund Petersilie
100 g Tofu
2 Eier
5 EL geriebenes Vollkornbrot
Salz
weißer Pfeffer
6 EL Öl

Kohlrabi schälen, von den Zucchini Stiel- und Blütenansätze entfernen. Beide Gemüse waschen, abtrocknen und fein raffeln. Lauch putzen, waschen und in dünne Scheiben teilen, dabei etwa zwei Drittel des Lauchgrüns mitverwenden. Gemüse in ein Küchentuch geben und sehr gut auspressen. Zwiebel und Knoblauch schälen und fein hacken. Petersilie waschen, trockentupfen und ebenfalls fein hacken. Tofu abtropfen lassen und zerdrücken. Alle Zutaten mit Eiern und geriebenem Brot zu einem festen, aber geschmeidigen Teig mischen. Gemüseteig mit Salz und Cayennepfeffer abschmecken und 10 Minuten ruhen lassen. Mit angefeuchteten Händen zu Frikadellen formen. Die Hälfte des Öls in einer Pfanne erhitzen. Gemüsefrikadellen darin bei starker Hitze etwa 10 Minuten braten, dabei einmal wenden. Zwischendurch nach und nach das restliche Öl zugießen.

Grießschnitten mit Tomatensauce

250 g Vollkorngrieß
1,2 l Wasser
Salz
300 g Spinat
700 g Tomaten
250 g Egerlinge
1 Zwiebel
1 Knoblauchzehe
1 Bund Basilikum oder Petersilie
3 EL Olivenöl
schwarzer Pfeffer
1 Prise Zucker

Grieß mit Wasser und Salz einmal aufkochen und bei schwächster Hitze im offenen Topf 45 Minuten ausquellen lassen. Inzwischen Spinat verlesen, abtropfen lassen und grob hacken. Nach

30 Minuten Quellzeit unter den Grieß mischen. Grieß auf ein Backblech streichen und etwa 20 Minuten trocknen lassen, bis er schnittfest ist. Dann in etwa 2×5 cm große Stücke schneiden. Tomaten waschen, halbieren, von den Stielansätzen befreien und pürieren. Egerlinge putzen, gegebenenfalls waschen, und blättrig schneiden. Zwiebel und Knoblauch schälen und fein hacken. Basilikum oder Petersilie waschen, trockentupfen und ebenfalls fein hacken. 2 EL Öl erhitzen. Grießschnitten darin rundherum goldbraun braten, herausnehmen und warm halten. Restliches Öl erhitzen. Zwiebel und Knoblauch darin glasig braten. Pilze zudecken und ebenfalls anbraten. Tomatenpüree zufügen, alles mit Salz, Pfeffer und Zucker abschmecken und zugedeckt nur erhitzen. Basilikum oder Petersilie untermischen. Tomatensauce zu den Grießschnitten servieren.

Gemüsepilaw

50 g Kichererbsen	*1 Aubergine*
1 Zwiebel	*1 Zucchina*
2 Knoblauchzehen	*1 Möhre*
5 EL Öl	*Salz*
250 g Weizen	*schwarzer Pfeffer*
1 l Gemüsebrühe	*2 EL gehackte Petersilie*

Kichererbsen über Nacht in kaltem Wasser einweichen. Zwiebel und Knoblauch schälen und fein hacken. 1 EL Öl erhitzen. Zwiebel und Knoblauch darin glasig braten. Weizen zugeben und mitbraten, bis alle Körner vom Fett überzogen sind. Gemüsebrühe angießen und den Weizen 90 Minuten leise köcheln lassen. Dabei nach 30 Minuten die abgetropften Kichererbsen zugeben. Inzwischen Aubergine und Zucchina waschen, von den Stielansätzen befreien und würfeln. Möhre schaben, ebenfalls waschen und in Stifte schneiden. Restliches Öl erhitzen. Zuerst die Auberginen, dann das restliche Gemüse darin anbraten. Gemüse mit Salz und Pfeffer würzen und vorsichtig unter den Weizen mischen. Topf schließen und Gemüse noch einmal 5 Minuten garen. Den Gemüse-Pilaw mit gehackter Petersilie bestreut servieren.

Geschmorter Roggen

200 g Roggenkörner
etwa 0,45 l Wasser
400 g Zucchini
400 g Tomaten
1 Zwiebel
2 Knoblauchzehen
4 EL Olivenöl
⅛ l trockener Rotwein
1 TL gekörnte Gemüsebrühe
1 EL frische Thymianblättchen oder 1 TL getrockneter Oregano
schwarzer Pfeffer
100 g Bergkäse
1 Bund Petersilie
Salz

Roggenkörner mit Wasser zum Kochen bringen und zugedeckt bei schwacher Hitze 1 Stunde köcheln lassen. Topf vom Herd ziehen und den Roggen im offenen Topf 1 weitere Stunde ausquellen lassen. Von den Zucchini Stiel- und Blütenansätze entfernen. Zucchini waschen, abtrocknen und würfeln. Tomaten häuten und würfeln. Dabei Stielansätze und Kerne entfernen. Zwiebel und Knoblauch schälen und fein würfeln. Olivenöl nach und nach erhitzen. Zucchiniwürfel darin rundherum anbraten. Zwiebel und Knoblauch zugeben und unter Rühren glasig braten. Roggenkörner mit dem Wasser, das sie noch nicht aufgesogen haben, zugeben. Unter Rühren mitschmoren. Rotwein zugießen und alles einmal aufkochen. Temperatur zurückschalten, Roggen mit der gekörnten Gemüsebrühe, Thymianblättchen oder Oregano und Pfeffer würzen. Topf schließen und den Roggen 10 Minuten schmoren. Tomaten untermischen und alles weitere 10 Minuten garen. Währenddessen Käse grob reiben. Petersilie waschen, trockentupfen und grob zerkleinern. Roggen mit Salz abschmecken und schichtweise mit dem geriebenen Käse in eine vorgewärmte Schüssel füllen. Mit Petersilie bestreuen und sofort servieren.

Tofuklößchen mit Pilzsauce

20 g getrocknete Steinpilze
1 Zwiebel
1 Bund Petersilie
300 g Tofu
2 EL Sojasauce
1 Ei
3 EL geriebene Mandeln
3 EL geriebenes Schwarzbrot
weißer Pfeffer
1 gestrichener EL Weizenvollkornmehl
$\frac{1}{4}$ l Milch
75 g Emmentaler-Käse
$\frac{1}{8}$ l Sahne
1 EL Butter
Muskatnuß, frisch gerieben
1–2 EL Zitronensaft
Salz

Pilze mit lauwarmem Wasser übergießen und zugedeckt 2 Stunden einweichen. Zwiebel schälen und hacken. Petersilie waschen, trockenschwenken und ebenfalls fein hacken. Tofu zrdrücken und mit Zwiebel, der Hälfte der Petersilie, Sojasauce, Ei, Mandeln und Schwarzbrot verkneten. Mit Pfeffer abschmecken. Zu walnußgroßen Bällchen formen. Mehl ohne Fett bei starker bis mittlerer Hitze unter Rühren so lange anrösten, bis es einen zarten Duft ausströmt. Milch langsam zugießen und dabei kräftig mit dem Schneebesen rühren, damit das Mehl nicht klumpt. Aufkochen und weiter mit dem Schneebesen schlagen, bis ein glatte, sämige Sauce entsteht. Temperatur zurückschalten, Tofuklößchen einlegen und 10 Minuten leise köcheln lassen. Käse reiben. Pilze waschen, abtropfen lassen und grob zerkleinern. Tofuklößchen aus der Sauce heben und warm halten. Pilze, Sahne und Emmentaler in die Sauce mischen. Sobald sich der Käse gelöst hat, Butter mit dem Schneebesen unterschlagen. Petersilie einrühren und die Pilzsauce mit Pfeffer, Muskatnuß, Zitronensaft und Salz abschmecken. Tofuklößchen wieder einlegen und sofort servieren.

Ravioli mit Mangold

Für 4—6 Personen:

400 g Weizenmehl Type 1050
Salz
4 Eier
1 EL Öl
1–3 Eigelb
500 g Mangold
1 Zwiebel
1 Knoblauchzehe
1 EL Butter
500 g Tofu
weißer Pfeffer
Cayennepfeffer
Muskat
20 frische Salbeiblätter
100 g Butter

Mehl mit Salz, Eiern, Öl und zunächst 1 Eigelb verkneten. Sollte der Teig zu fest sein, restliche Eigelb untermischen. Teig in Folie wickeln und 1 Stunde ruhen lassen. Inzwischen Mangold waschen, trockentupfen und grob zerkleinern. Zwiebel und Knoblauch schälen und fein hacken. Butter erhitzen, Zwiebel und Knoblauch darin glasig braten. Mangold zugeben und mitbraten, bis er Feuchtigkeit abgibt. Abkühlen lassen, dann mit dem Tofu durch den Fleischwolf drehen. Füllung mit Salz, Pfeffer, Cayennepfeffer und Muskat pikant abschmecken. Nudelteig in Portionen teilen und auf wenig Mehl zu dünnen Platten ausrollen. Jeweils eine Teigplatte im Abstand von 5 cm mit 1 TL Füllung belegen. Teig zwischen den Häufchen mit Wasser bestreichen. Zweite Teigplatte darauflegen und den Teig zwischen der Füllung gut andrücken. Mit einem Teigrädchen Ravioli ausschneiden. Ravioli in reichlich sprudelnd kochendem Salzwasser 3—6 Minuten kochen lassen. Inzwischen Salbei waschen und trockentupfen. Blätter in feine Streifen schneiden. Butter erhitzen und leicht bräunen. Salbei darin unter Rühren anbraten. Ravioli abtropfen lassen und sofort mit der Salbeibutter mischen.

Tofu mit Bohnen und Mais

300 g rote Bohnen
1 Bund Suppengrün
1 Bund Petersilie
1 Bund Bohnenkraut
1 Lorbeerblatt
4 weiße Pfefferkörner
300 g Tofu
4 EL Sojasauce
1 EL trockener Sherry
2 Schalotten
2 Dosen Maiskörner (je etwa 340 g)
4 EL Sonnenblumenöl
Salz
weißer Pfeffer
1 Becher Crème fraîche (200 g)
Chilipulver
1–2 EL Weizenvollkornmehl

Bohnen kalt abspülen, mit Wasser bedecken und 12 Stunden einweichen. Dann Suppengrün putzen, waschen und grob zerkleinern. Kräuter ebenfalls waschen. Petersilienblättchen abzupfen und beiseite legen. Bohnen im Einweichwasser mit Suppengrün, Kräuterstielen, Lorbeerblatt und Pfefferkörnern zum Kochen bringen und 90 Minuten leise köcheln lassen. Tofu abtropfen lassen und in Würfel schneiden. Mit Sojasauce und Sherry übergießen und darin marinieren, dabei immer wieder wenden. Gegarte Bohnen abtropfen lassen, Suppengrün, Kräuterstiele, Lorbeerblatt und Pfefferkörner wegwerfen. Schalotten schälen und fein hacken. Mais mit kaltem Wasser abspülen und ebenfalls abtropfen lassen. Die Hälfte des Öls erhitzen. Schalotten darin glasig braten. Bohnen und Mais zugeben und mit Salz und Pfeffer würzen. Crème fraîche unterrühren, Bohnen mit Chili abschmecken und zugedeckt heiß werden lassen. Inzwischen Tofuwürfel abtropfen lassen und im Mehl wenden. Restliches Öl erhitzen und die Tofuwürfel darin von allen Seiten knusprig braten. Petersilienblättchen hacken und das Bohnen-Mais-Gemüse damit bestreuen. Tofuwürfel getrennt dazu servieren.

Weizenpflänzchen mit Pilzgemüse

1 Zwiebel
3 EL Öl
200 g Weizen, mittelfein geschrotet
knapp ½ l Wasser
2 Eier
1–2 EL gehackte Petersilie
Salz
500 g Egerlinge
½ Zitrone
2 Zweige frischer Thymian
10 g Butter
¼ l Sahne
weißer Pfeffer

Zwiebel schälen und fein hacken. 1 EL Öl erhitzen. Zwiebel darin glasig braten. Weizenschrot zugeben und mitrösten, bis er vom Fett überzogen ist. Wasser angießen und den Weizen zugedeckt bei schwacher Hitze leise köcheln lassen. Auf der abgeschalteten Kochplatte 50 Minuten zugedeckt ausquellen lassen. Eier verquirlen und mit der Petersilie unter den Schrot mischen. Teig mit Salz abschmecken. Mit angefeuchteten Händen zu acht gleichgroßen Pflänzchen formen. Restliches Öl erhitzen. Weizenpflänzchen darin bei mittlerer Hitze etwa 10 Minuten braten, dabei einmal wenden. Pflänzchen im Backofen warm halten. Pilze putzen, gegebenenfalls waschen, und blättrig schneiden. Zitrone auspressen. Saft über die Pilze träufeln. Thymian waschen, trockenschwenken und die Blättchen abzupfen. Butter erhitzen. Pilze und Thymian zugeben und bei starker Hitze anbraten. Sahne nach und nach zugießen und jeweils wieder einkochen lassen. Pilzgemüse mit Salz und Pfeffer würzen und zu den Weizenpflänzchen servieren.

Tofuschnitzel mit Schwarzwurzelgemüse

300 g Tofu
4 EL Sojasauce
500 g Schwarzwurzeln
1–2 EL Essig
1 EL Zitronensaft
2 EL Weizenvollkornmehl
Muskat
1 Ei
40 g geriebenes Roggenbrot
4 EL Öl
1 EL Butter
3 EL Crème fraîche
Salz
schwarzer Pfeffer
2 EL gehackte Petersilie

Tofu abtropfen lassen und in 1 cm dicke Scheiben schneiden. Tofuscheiben mit Sojasauce beträufeln und 2 Stunden marinieren, dabei immer wieder wenden. Inzwischen Schwarzwurzeln schälen und waschen. In etwa 2 cm lange Stücke schneiden und in Essigwasser legen, damit sie sich nicht verfärben. Wasser mit Zitronensaft zum Kochen bringen, die Schwarzwurzeln darin etwa 15 Minuten garen. Abgießen und abtropfen lassen. Tofuscheiben aus der Sojasauce nehmen und gründlich trockentupfen. Zum Panieren Vollkornmehl mit Muskat mischen. Ei mit einer Gabel verquirlen. Tofuscheiben zuerst im Vollkornmehl, dann im Ei und zum Schluß im geriebenen Brot wenden. Öl heiß werden lassen. Tofuscheiben darin bei mittlerer Hitze in etwa 5 Minuten auf beiden Seiten goldbraun braten. Tofuschnitzel im Backofen warm halten. Butter ebenfalls erhitzen. Schwarzwurzeln darin anbraten, bis sie vom Fett überzogen sind. Crème fraîche unterrühren, das Gemüse mit Salz und Pfeffer abschmecken und zugedeckt heiß werden lassen. Schwarzwurzeln mit Petersilie bestreut zu den Tofuschnitzeln servieren.

Omelett mit Sprossen

Für 2 Personen:

250 g gemischte Sprossen (z. B. Mungobohnen, Linsen und Weizen)
1 Schalotte
60 g Butter
1 Becher Crème fraîche (200 g)
Salz
weißer Pfeffer
1 EL Zitronensaft
1 EL trockener Sherry
1 Kästchen Gartenkresse
6 Eier
1 EL gehackte Petersilie

Sprossen kalt abspülen und abtropfen lassen. Schalotte schälen und fein würfeln. In 1 EL Butter glasig braten. Sprossen zugeben und unter Rühren etwa eine Minute mitbraten. Crème fraîche einrühren und die Sprossen in weiteren zwei Minuten garen. Mit Salz, Pfeffer, Zitronensaft und Sherry abschmecken. Gartenkresse mit einer Küchenschere abschneiden und unter die Sprossen mischen. Bis zum Servieren warm halten. Eier mit Salz, Pfeffer und Petersilie verquirlen. In der restlichen Butter zwei Omeletts braten. Omeletts auf vorgewärmten Tellern mit den Sprossen anrichten.

Reis mit Erbsen und Spargel

400 g Naturlangkornreis
1 Schalotte
2 Knoblauchzehen
1 EL Öl
0,8 l Gemüsebrühe
300 g Tiefkühl-Erbsen
300 g Spargelabschnitte (Dose)
1 Bund Dill
⅛ l süße Sahne
Salz
weißer Pfeffer
Cayennepfeffer

Reis kalt abspülen und abtropfen lassen. Schalotte und Knoblauch schälen und fein hacken. Öl erhitzen. Schalotte und Knoblauch darin glasig braten. Reis zugeben und mitbraten, bis alle Körner vom Öl umschlossen sind. Gemüsebrühe angießen und den Reis bei schwacher Hitze 40 Minuten köcheln lassen. Erbsen zugeben und alles weitere 10 Minuten garen. Inzwischen Spargel abtropfen lassen. Dill waschen, trockenschwenken und fein zerkleinern. Spargel, Dill und Sahne zum Reis geben und unter Rühren erwärmen. Flüssigkeit dabei etwas einkochen lassen. Reis mit Salz, Pfeffer und Cayennepfeffer pikant abschmecken und sofort servieren.

Gebratener Bulgur

250 g Bulgur
½ l Wasser
1 Zwiebel
2 Knoblauchzehen
100 g Egerlinge
1 EL Zitronensaft
100 g gekeimte Linsen
2 EL Öl
200 g Tiefkühl-Erbsen
200 g Tiefkühl-Bohnen
1 EL Sojasauce
2 EL trockener Sherry
Salz
weißer Pfeffer
2 Eier

Bulgur waschen und abtropfen lassen. Mit Wasser zum Kochen bringen, dann bei schwacher Hitze zugedeckt 20 Minuten köcheln lassen. Zwiebel und Knoblauch schälen und fein hacken. Egerlinge putzen, gegebenenfalls kurz waschen, und blättrig schneiden. Pilze sofort mit Zitronensaft beträufeln, damit sie sich nicht verfärben. Linsenkeime kalt abspülen und abtropfen lassen. Die Hälfte des Öls erhitzen. Zwiebel und Knoblauch darin glasig braten. Linsenkeime, Erbsen und Bohnen zugeben und etwa 3 Minuten unter ständigem Wenden mitbraten. Pilze zufügen und ebenfalls unter Rühren braten, bis alle Gemüse bißfest sind. Gemüse herausnehmen und warm halten. Restliches Öl erhitzen. Bulgur darin braten, bis er heiß und leicht gebräunt ist. Gemüse untermischen. Alles mit Sojasauce, Sherry, Salz und Pfeffer abschmecken. Eier verquirlen und darübergießen. Bulgur durchrühren, bis das Ei gestockt ist, dann sofort servieren.

Spaghetti mit Gemüse

200 g Tomaten
300 g Zucchini
1 Zwiebel
1 Knoblauchzehe
2 Zweige Thymian
½ Bund Petersilie
2 Blättchen Salbei
1 EL Olivenöl
1 Becher Crème fraîche (200 g)
1 Becher süße Sahne (200 g)
2 EL geriebener Parmesankäse
Salz
schwarzer Pfeffer
1 Prise Cayennepfeffer
500 g Vollkornspaghetti

Tomaten häuten und würfeln, dabei Kerne und Stielansätze entfernen. Zucchini ebenfalls von Stiel- und Blütenansätzen befreien und klein würfeln. Zwiebel und Knoblauch schälen und fein hacken. Kräuter waschen und trockenschwenken. Thymianblättchen abzupfen, Petersilie und Salbei fein zerkleinern. Öl erhitzen. Zwiebel, Knoblauch und Zucchini darin anbraten. Kräuter, Tomatenwürfel und Crème fraîche zugeben. Nach und nach die Sahne zugießen. Gemüse unter Rühren bißfest garen, dabei die Flüssigkeit etwas einkochen lassen. Parmesankäse unterrühren und die Gemüsemischung mit Salz, Pfeffer und Cayennepfeffer abschmecken. Spaghetti in reichlich kochendem Salzwasser bißfest garen, abgießen und abtropfen lassen. Mit dem Gemüse mischen und sofort servieren.

Vollkornnudeln mit Sahne

150 g Weizenmehl Type 1050
Salz
1 Ei
1 EL Sonnenblumenöl
1–3 Eigelb
1 EL Butter
½ l Sahne
75 g geriebener Parmesan
weißer Pfeffer
Muskatnuß

Mehl mit Salz, Ei, Öl und zunächst nur einem Eigelb zu einem Nudelteig verkneten. Sollte der Teig zu fest sein, restliche Eigelb untermischen. Teig in Folie gewickelt 1 Stunde ruhenlassen. Dann auf wenig Mehl oder in der Nudelmaschine dünn ausrollen und in breite Nudeln teilen. Ausgebreitet auf einem Küchentuch 1 Stunde trocknen lassen. Butter zerlassen. Sahne zugießen und bei starker Hitze unter Rühren einkochen lassen. Topf vom Herd ziehen und den Parmesan in die Sahne rühren. Sauce mit Salz, Pfeffer und Muskatnuß abschmecken. Nudeln in reichlich sprudelnd kochendem Salzwasser bißfest garen. Abgießen, abtropfen lassen und sofort mit der Sauce mischen.

Risotto mit Spinat und Linsen

(Abb. Seite 176)

5 EL Öl
100 g braune Linsen
200 g Naturreis
½ TL Kreuzkümmel
¼ l trockener Weißwein
½ l Gemüsebrühe
500 g Spinat
Salz
1 Knoblauchzehe
1 große Dose Tomaten
1 Prise Zucker
½ frische Pfefferschote
200 g Zwiebeln
1 EL Butter

4 EL Öl erhitzen, Linsen, Reis und Kreuzkümmel darin anbraten, bis alles vom Öl überzogen ist. Weißwein nach und nach zugießen und zwischendurch immer wieder verdampfen lassen. Gemüsebrühe dazugießen und alles zugedeckt bei schwacher Hitze 30 Minuten garen. Dabei immer wieder umrühren. Spinat verlesen, von eventuell harten Stielen befreien und einige Male gründlich waschen. Abgetropften Spinat auf den Linsen-Reis geben, bei geschlossenem Deckel zusammenfallen lassen, dann unter den Reis mischen. Mit Salz würzen und weitere 15 Minuten garen. Für die Sauce Knoblauch schälen und hacken, im restlichen Öl bei schwacher Hitze glasig braten. Tomaten mit Flüssigkeit zugeben, mit dem Kartoffelstampfer zerdrücken und bei starker Hitze dick einkochen lassen. Mit Salz, Zucker und der zerdrückten Pfefferschote würzen. Zwiebeln schälen, in Ringe teilen und in der mäßig heißen Butter goldgelb und weich braten. Mit der Tomatensauce zum Risotto servieren.

Grüne Nudeln mit Gorgonzolasahne

400 g grüne Nudeln
Salz
125 g Gorgonzola
3/4 l süße Sahne
1 Bund Basilikum
weißer Pfeffer

Nudeln in reichlich sprudelnd kochendem Salzwasser bißfest garen. Inzwischen Gorgonzola mit einer Gabel zerdrücken. Sahne zum Kochen bringen und den Käse darin unter Rühren schmelzen lassen. Basilikum waschen, trockenschwenken und in feine Streifen schneiden. Unter die Sahne mischen und diese mit Pfeffer abschmecken. Nudeln abgießen, trockenschwenken und sofort mit der Gorgonzolasahne mischen.

Spaghetti mit Kräutersauce

400 g Weizenkeimspaghetti
Salz
2 Bund Basilikum
2 EL Pinienkerne
50 g geriebener Parmesan
4 EL kaltgepreßtes Olivenöl
weißer Pfeffer

Spaghetti in reichlich sprudelnd kochendem Salzwasser bißfest garen. Inzwischen Basilikum waschen, trockentupfen und fein hacken. Pinienkerne ebenfalls sehr fein hacken. Basilikum, Parmesan und Olivenöl zu einer glatten Paste verrühren und mit Pfeffer abschmecken. Paste mit 1 EL Nudelwasser mischen. Nudeln abgießen, abtropfen lassen und sofort mit der Kräutersauce vermengen.

Sojanudeln mit Zitronensauce

400 g Soja-Bandnudeln
Salz
1 Zitrone
1 Bund Petersilie
1 EL Butter
2 EL gehackte Walnußkerne
1 Becher Crème fraîche (200 g)
weißer Pfeffer

Bandnudeln in reichlich sprudelnd kochendem Salzwasser bißfest garen. Inzwischen Zitrone auspressen. Petersilie waschen, trockenschwenken und fein hacken. Butter zerlassen. Walnüsse zugeben und anbraten. Nach und nach Crème fraîche zugießen und jeweils unter Rühren etwas einkochen lassen. Petersilie untermischen. Sauce mit Salz, Pfeffer und Zitronensaft abschmecken. Nudeln abgießen, abtropfen lassen und sofort mit der Zitronensauce mischen.

Linsen mit Sauerkraut

1 Zwiebel
1 Knoblauchzehe
1 EL Butter
200 g rote Linsen
500 g Sauerkraut
¼ l Wasser
1 Becher süße Sahne (200 g)
½ Becher saure Sahne (100 g)
Salz
Cayennepfeffer
1 Bund Petersilie

Zwiebel und Knoblauch schälen und fein hacken. In der erhitzten Butter glasig braten. Linsen zugeben und mitbraten, bis die Körner vom Fett umschlossen sind. Sauerkraut etwas zerpflücken und untermischen. Wasser angießen und die Linsen zugedeckt etwa 15 Minuten garen. Süße und saure Sahne zugießen und die Linsen mit Salz und Cayennepfeffer abschmecken. Weitere 5 Minuten garen. Petersilie waschen, trockenschwenken und fein hacken. Unter die Linsen mischen.

Quarknudeln mit Linsengemüse

100 g Petersilie
1 EL Butter
200 ccm Milch
250 g Weizenmehl Type 1050
½ Päckchen Trockenhefe
¼ TL Zucker
2 Eier
250 g Quark (20 %)
Salz
Muskat
Mehl zum Formen
1 Bund Frühlingszwiebeln
75 g durchwachsener Räucherspeck
200 g rote Linsen
½ l Gemüsebrühe
1 Becher Crème fraîche (200 g)
weißer Pfeffer
⅛ l Sahne
2 EL Schnittlauchröllchen

Petersilie waschen, Blättchen abzupfen, trockentupfen und fein zerkleinern. 2 EL davon abnehmen und für die Sauce beiseite stellen. Restliche Petersilie in der erhitzten Butter unter Rühren anschwitzen. 4 EL Milch zugeben und alles lauwarm abkühlen lassen. Mit Mehl, Hefe, Zucker, Eiern, Quark, Salz und Muskat zu einem Teig verarbeiten. Zugedeckt an einem warmen Ort etwa 1 Stunde gehen lassen. Vom Teig mit 2 in Mehl getauchten Teelöffeln Klößchen abstechen, in Mehl wenden und zugedeckt weitere 30 Minuten gehen lassen. Inzwischen Frühlingszwiebeln putzen, waschen und mit etwa zwei Drittel ihres Grüns in feine Ringe schneiden. Räucherspeck würfeln und bei mittlerer Hitze ausbraten. Zwiebeln und Linsen zugeben, alles mit Gemüsebrühe und Crème fraîche aufgießen und zugedeckt bei schwacher Hitze 15 Minuten garen. Linsengemüse mit Salz und Pfeffer würzen und warm halten. Restliche Milch mit Sahne und der übrigbehaltenen Petersilie mischen und in einem gut schließenden Topf leicht erwärmen. Quarknudeln nebeneinander hineinlegen. Topf schließen, und die Quarknudeln bei kleiner Hitze 15 Minuten garen. Topf währenddessen nicht öffnen, sonst fallen die Nudeln zusammen. Linsengemüse mit Schnittlauchröllchen mischen und zu den Quarknudeln servieren.

Serviettenkloß mit Pilzen

250 g Roggenbrot
75 g Butter
2 Zwiebeln
300 g Weizenvollkornmehl
¼ l Milch
Salz
3 Eier
1 EL feingeriebenes Knäckebrot
1 Knoblauchzehe
2 Bund Petersilie
500 g Champignons
2 Zweige frischer Thymian
¼ l Sahne
weißer Pfeffer

Roggenbrot in kleine Würfel schneiden. 1 Zwiebel schälen und hacken. Brot und Zwiebel portionsweise in etwa zwei Drittel der erhitzten Butter braten. Abkühlen lassen. Mehl mit Milch und Salz verrühren, Eigelb und Knäckebrot dazugeben. Teig zugedeckt 1 Stunde quellen lassen. Restliche Zwiebel und die Knoblauchzehe schälen und hacken. Petersilie waschen, trockenschwenken und fein zerkleinern. Die Hälfte der Petersilie und die Brotwürfel unter den Teig mischen. Eiweiß zu steifem Schnee schlagen und unterheben. Küchentuch unter kaltes Wasser halten, auswringen und auf der Arbeitsfläche ausbreiten. Teig in die Form eines Weckens in die Mitte des Tuches geben, dieses zusammenrollen und an den Enden mit Küchengarn fest zusammenbinden. Rolle in kochendes Salzwasser legen, und den Kloß etwa 1 Stunde sieden lassen. Inzwischen Champignons putzen, waschen und in Stücke schneiden. Thymian waschen, Blättchen von den Stielen streifen. Restliche Butter erhitzen, Thymian, Zwiebel und Knoblauch darin anschwitzen. Pilze und Petersilie zugeben und alles bei mittlerer bis starker Hitze schmoren, bis die Flüssigkeit, die die Pilze abgeben, wieder vollkommen verdampft ist. Sahne nach und nach dazugießen und jeweils bei starker Hitze einkochen lassen. Pilze mit Salz und Pfeffer abschmecken. Serviettenkloß aus dem Tuch nehmen und in Scheiben geschnitten anrichten.

Beilage: Tomatensalat mit Frühlingszwiebeln.

Kartoffelpudding mit Pilzen und Sprossen

4 EL Weizenkörner, Mungobohnen und Linsen, gemischt
300 g Kartoffeln
400 g Champignons
2 EL Butter
1 Zwiebel
1 Bund Petersilie
3 Eier
50 g Weizenvollkornmehl
½ Becher Crème fraîche (125 g)
100 g geriebener Emmentaler-Käse
2 EL Sonnenblumenkerne
weißer Pfeffer
Muskatnuß
Fett für die Form
2 EL fein geriebenes Knäckebrot

Weizenkörner, Mungobohnen und Linsen entweder in Keimschalen oder in Einmachgläser geben, mit Wasser bedecken und 3 Tage keimen lassen *(siehe Seite 22)*. Sprossen kalt abspülen und sehr gut abtropfen lassen. Kartoffeln schälen, waschen, würfeln und in wenig Salzwasser 10 Minuten garen. Abtropfen lassen und mit einer Gabel zerdrücken. Champignons putzen, waschen, klein würfeln und in der erhitzten Butter anbraten. Zwiebel schälen und hacken. Petersilie waschen, die Blättchen abzupfen, trockentupfen und sehr fein zerkleinern. In einem Topf so viel Wasser zum Kochen bringen, daß eine verschließbare Puddingform zu etwa zwei Drittel darin steht. Eier trennen. Kartoffeln mit Pilzen, Eigelb, Sprossen, Zwiebel, Kräutern, Mehl, Crème fraîche, Käse und Sonnenblumenkernen zu einem Teig mischen. Mit Salz, Pfeffer und Muskatnuß würzen. Eiweiß sehr steif schlagen und vorsichtig unterziehen. Puddingform fetten und mit dem Knäckebrot ausstreuen. Tei einfüllen und glattstreichen. Form schließen, in das Wasserbad stellen, den Deckel auf den Topf legen, und den Pudding etwa 70 Minuten garen. Das Wasserbad darf während der Garzeit immer nur leicht sieden, nicht sprudelnd kochen, sonst bekommt der Pudding Löcher durch Lufteinschlüsse. Garprobe machen: Ein Holzspießchen in den Pudding stechen. Wenn nichts daran haften bleibt, ist der Pudding gar. Form wieder schließen, den Pudding aus dem Wasserbad nehmen und 5 Minuten ruhen lassen. Form öffnen, den Pudding am oberen Rand mit einer Messerspitze ablösen und stürzen.

Beilagen: Linsen mit Tomaten *(Rezept Seite 157)* oder Tomatensauce und Salat.

Hirsepfanne mit Kräutersalat

(Abb. Seite 177)

2 Knoblauchzehen
2 frische grüne Pfefferschoten
2 EL Olivenöl
2 EL Currypulver
200 g Hirse
½ l Gemüsebrühe
Salz
je 250 g Möhren, Zucchini und Frühlingszwiebeln,
1 Bund Brunnenkresse,
je 1 Handvoll Löwenzahn Sauerampfer und Kerbel
2 EL Apfelessig
schwarzer Pfeffer
3 EL Sonnenblumenöl
1 TL Walnußöl
1 EL Pistazienkerne
2 Becher Joghurt (250 g)
⅛ l Sahne
2 Bund Schnittlauch

1 Knoblauchzehe schälen und hacken. Pfefferschoten längs aufschlitzen, Kerne restlos entfernen, Schoten kalt abspülen und in feine Streifen schneiden. 1 EL Öl erhitzen, Knoblauch und Pfefferschoten darin anschwitzen. Curry und Hirse unterrühren, mit Gemüsebrühe auffüllen, salzen und zugedeckt bei schwacher Hitze 20 Minuten garen. Inzwischen geschälte Möhren und gewaschene, geputzte Zucchini würfeln. Geputzte Frühlingszwiebeln in Ringe schneiden. Restliches Olivenöl erhitzen, zuerst die Möhren 5 Minuten darin dünsten, dann Zucchini und Zwiebeln dazugeben und alles weitere 4 Minuten garen. Währenddessen alle Kräuter verlesen, waschen und trockenschwenken. Essig mit Salz, Pfeffer, Sonnenblumen- und Walnußöl verrühren. Kräuter und Pistazien mischen, Sauce darüber verteilen. Gemüse locker mit der Hirse mischen und in einer vorgewärmten Schüssel anrichten. Joghurt mit Sahne, der geschälten, zerdrückten Knoblauchzehe und dem fein zerkleinerten Schnittlauch mischen. Mit dem Salat zu der Hirsepfanne servieren.

Mangold mit Sprossen in Knoblauchöl

750 g Mangold
500 g Tomaten
3 Knoblauchzehen
250 g Sojasprossen (Lunja)
5 EL Olivenöl
1 Zitrone
100 g Sonnenblumenkerne
Salz
schwarzer Pfeffer

Mangold vom Wurzelansatz befreien, Blätter waschen und abtropfen lassen. Tomaten häuten und würfeln, dabei Stielansätze und Kerne entfernen. Knoblauchzehen schälen und in hauchdünne Scheibchen schneiden. Sojasprossen kalt abspülen. Olivenöl in einem großen Topf erhitzen, Zitronensaft dazugeben. Knoblauch und Sonnenblumenkerne darin bei schwacher Hitze 5 Minuten ziehen lassen. Mangold, Tomaten und Sojasprossen zugeben, Topf schließen, einige Male kräftig schütteln und das Gemüse etwa 5 Minuten garen. Mit Salz und Pfeffer abschmecken.

Beilagen: Reis oder panierte Tofuschnitzel.

Beilagen

Linsen mit Tomaten

3 Knoblauchzehen
1 Zweig frischer Rosmarin
1 getrocknete Chilischote
300 g braune Linsen
½ l Gemüsebrühe
¼ l Rotwein
500 g Tomaten
1 Bund Petersilie
1 EL Öl
Salz
schwarzer Pfeffer
1 Prise Zucker

Eine Knoblauchzehe schälen. Rosmarin waschen, Chilischote zwischen den Fingern zerreiben. Linsen mit Knoblauch, Rosmarin, Chili, Brühe und Wein zum Kochen bringen und bei schwacher Hitze 45 Minuten köcheln lassen. Inzwischen Tomaten häuten und würfeln, dabei Kerne und Stielansätze entfernen. Petersilie waschen, trockenschwenken und fein hacken. Restlichen Knoblauch schälen und ebenfalls hacken. Öl erhitzen. Knoblauch darin glasig braten. Tomaten zugeben und etwa 5 Minuten mitschmoren. Linsen abgießen und abtropfen lassen. Knoblauchzehe und Rosmarin entfernen. Linsen zu den Tomaten geben. Petersilie untermischen und die Linsen mit Salz, Pfeffer und Zucker abschmecken.

Kichererbsen mit Tomaten

750 g Tomaten
1 Zwiebel
1 Stück frische Ingwerwurzel
300 g gekeimte Kichererbsen
30 g Butter
1 Becher Crème fraîche (200 g)
Salz
weißer Pfeffer

Tomaten häuten und würfeln, dabei Kerne und Stielansätze entfernen. Zwiebel und Ingwerwurzel schälen. Zwiebel fein hacken, Ingwer in dünne Scheiben schneiden. Kichererbsen kalt abspülen und abtropfen lassen. Butter erhitzen. Zwiebel und Ingwer darin anbraten, bis die Zwiebel glasig ist. Zuerst die Kichererbsen, dann die Tomatenwürfel zugeben und kurz mitbraten. Crème fraîche einrühren und die Kichererbsen zugedeckt etwa 10 Minuten garen. Kichererbsen mit Salz und Pfeffer abschmecken und sofort servieren.

Kichererbsen mit Äpfeln

400 g Kichererbsen
400 g säuerliche Äpfel
250 g Zwiebeln
2 EL Öl
¼ l Apfelwein
1 TL getrockneter Majoran
Salz
schwarzer Pfeffer
Cayennepfeffer

Kichererbsen waschen, mit kaltem Wasser bedecken und 12 Stunden einweichen. Dann im Einweichwasser zum Kochen bringen und 90 Minuten köcheln lassen. Äpfel vierteln, Kerngehäuse herausschneiden, schälen und grob würfeln. Zwiebeln schälen und in feine Ringe schneiden. Öl erhitzen. Äpfel und Zwiebeln darin glasig braten. Kichererbsen abgießen, zugeben und kurz mitschmoren. Apfelwein angießen, Majoran untermischen. Kichererbsen weitere 30 Minuten schmoren, mit Salz, Pfeffer und Cayennepfeffer pikant abschmecken und sofort servieren.

Schwarze Bohnen russische Art

300 g schwarze Bohnen
1 Bund Suppengrün
1 Zwiebel
1 Knoblauchzehe
1 EL Butter
¾ l Hühnerbrühe
2 Gewürznelken
1 Lorbeerblatt
3 schwarze Pfefferkörner
1 Bund Petersilie
1 Becher Crème fraîche (200 g)
Salz
schwarzer Pfeffer

Bohnen kalt abspülen, mit Wasser bedecken und 12 Stunden einweichen. Dann Suppengrün putzen, waschen und grob zerkleinern. Zwiebel und Knoblauch schälen und fein hacken. Butter erhitzen. Zwiebel und Knoblauch darin glasig braten. Suppengrün zugeben und anbraten. Bohnen abtropfen lassen und ebenfalls anbraten. Brühe zugießen. Nelken, Lorbeerblatt und Pfefferkörner zugeben. Einmal aufkochen, dann die Bohnen zugedeckt 90 Minuten köcheln lassen. Petersilie waschen, trockenschwenken und fein hacken. Crème fraîche unter die Bohnen mischen und erhitzen. Mit Salz und Pfeffer abschmecken. Bohnen mit Petersilie bestreut servieren.

Reis als Beilage

300 g Naturlangkornreis
Salz
2 EL Butter
100 g Schwarzbrot

Reis kalt abspülen und abtropfen lassen. In reichlich sprudelnd kochendem Salzwasser 5 Minuten garen, dann abgießen und abtropfen lassen. 1 EL Butter in einem Topf zerlassen. Schwarzbrot in sehr dünne Scheiben teilen und den Topfboden damit auslegen. Reis pyramidenförmig in den Topf schichten und mit der restlichen Butter in Flöckchen belegen. Topfdeckel, mit einem Küchentuch umwickelt, fest auflegen und beschweren. Reis bei schwächster Hitze eine Stunde garen. Topfboden in kaltes Wasser tauchen, damit sich die Brotscheiben lösen lassen. Auf einer vorgewärmten Platte anrichten.

Rote Bohnen provenzalisch

300 g rote Bohnen
2 EL provenzalische Kräutermischung
1 Lorbeerblatt
400 g Tomaten
1 Zwiebel
3 Knoblauchzehen
6 EL Olivenöl
Salz
schwarzer Pfeffer
1–2 EL Essig
3 EL gehackte Petersilie

Bohnen waschen, mit Wasser bedecken und 12 Stunden einweichen. Dann im Einweichwasser mit der Kräutermischung und dem Lorbeerblatt zum Kochen bringen. Zugedeckt 1 Stunde und 45 Minuten köcheln lassen. Tomaten häuten und würfeln, dabei Kerne und Stielansätze entfernen. Zwiebel und Knoblauch schälen und fein hacken. 2 EL Öl erhitzen. Zwiebel und Knoblauch darin glasig braten. Tomaten und Bohnen mit Garflüssigkeit zugeben. Lorbeerblatt entfernen. Bohnengemüse weitere 15 Minuten garen. Mit Salz, Pfeffer und Essig abschmecken. Petersilie und das restliche Öl untermischen und die Bohnen sofort servieren.

Kräuterpolenta

150 g Maisgrieß
¾ l Wasser
Salz
2 Bund Petersilie
40 g Butter

Maisgrieß mit Wasser und Salz zum Kochen bringen. Bei schwacher Hitze zugedeckt 45 Minuten ausquellen lassen. Petersilie waschen, trockenschwenken und fein hacken. Unter die Polenta mischen. Polenta auf ein Backblech streichen und 30 Minuten trocknen lassen. Dann in Rauten schneiden. Butter erhitzen und die Polentastücke darin von beiden Seiten goldbraun braten.

Fladenbrote

500 g Weizenvollkornmehl
Salz
weißer Pfeffer
1 Becher Joghurt (150 g)
$\frac{1}{4}$ l lauwarmes Wasser

Mehl mit einer kräftigen Prise Salz und Pfeffre mischen. Joghurt mit Wasser verquirlen und zum Mehl gießen. Zu einem geschmeidigen Teig verkneten. In Folie gewickelt acht Stunden ruhen lassen. In 15 gleichgroße Stücke teilen, noch einmal durchkneten und zu Fladen ausrollen. Teigfladen in einer Pfanne bei schwacher Hitze ohne Fettzugabe so lange backen, bis sie leicht gebräunt sind und Blasen werfen.

Bulgur mit Auberginen

1 Aubergine (etwa 300 g)
Salz
1 Tomate
1 Zwiebel
1 Knoblauchzehe
5 EL Öl
1 TL getrockneter Rosmarin
250 g Bulgur
$\frac{1}{2}$ l Gemüsebrühe
schwarzer Pfeffer
1 EL gehackte Petersilie

Aubergine waschen, vom Stielansatz befreien, würfeln und mit Salz bestreut 10 Minuten ziehen lassen. Tomate häuten und ebenfalls würfeln, dabei den Stielansatz entfernen. Zwiebel und Knoblauch schälen und hacken. Auberginenwürfel abtupfen. Öl erhitzen, Auberginen rundherum darin anbraten. Tomate, Zwiebel, Knoblauch und Rosmarin zugeben und kurz anschwitzen. Bulgur untermischen, die Hälfte der Gemüsebrühe dazugießen. Alles einmal aufkochen lassen und zugedeckt bei schwacher Hitze 20 Minuten garen. Dabei nach und nach die restliche Gemüsebrühe zugießen. Bulgur mit Salz und Pfeffer abschmecken und mit Petersilie bestreut servieren.

Beilagen: Gebratener Tofu oder Tofuklößchen in Sahnesauce.

Tofusauce

1 Tomate
1 Bund Radieschen
200 g Tofu
⅛ l Sahne
½ EL Zitronensaft
1 EL Walnußkerne
1 Bund Schnittlauch
schwarzer Pfeffer

Tomate und Radieschen waschen, abtrocknen und würfeln. Abgetropften Tofu in kleine Würfel schneiden, mit der Sahne und dem Zitronensaft in den Mixer geben und pürieren. Walnußkerne fein hacken. Schnittlauch waschen, trockenschwenken und in Röllchen schneiden. Alle Zutaten mischen und die Sauce mit Pfeffer abschmecken.

Beilagen: Gebackene Kartoffeln und Salat.

Quarksauce

1 Frühlingszwiebel
1 Knoblauchzehe
2 EL ungeschälte Sesamsamen
1 Kästchen Kresse
250 g Sahnequark
½ Becher Crème fraîche (125 g)
1 EL grob geschrotete Gerste
Salz
1 Prise Zucker
Cayennepfeffer

Frühlingszwiebel putzen, waschen und in feine Ringe schneiden. Knoblauch schälen und fein hacken. Sesamsamen in einer Pfanne ohne Fettzugabe unter Rühren anrösten. Kresse abschneiden. Quark mit Crème fraîche glattrühren. Mit Zwiebelringen, Knoblauch, Sesam, Kresse und Gerste mischen, und die Sauce mit Salz, Zucker und Cayennepfeffer abschmecken.

Beilagen: In Stifte geschnittenes Gemüse wie Kohlrabi, Gurken, Möhren oder auch Pellkartoffeln.

Grüne Klöße

2 altbackene Weizenkeim-brötchen	*300 g Weizenmehl Type 1050*
40 g Butter	*4 Eier*
3 Bund Petersilie	*etwa 50 ccm Milch*
	Salz

Brötchen würfeln. Butter erhitzen und die Brötchenwürfel darin knusprig braun braten. Petersilie waschen, trockenschwenken und fein hacken. Mehl mit Eiern, Milch und Salz zu einem zähflüssigen Teig verrühren. Brötchenwürfel und Petersilie untermischen. Mit einem Eßlöffel Klößchen abstechen und in kochendes Salzwasser geben. Bei schwacher Hitze etwa 10 Minuten köcheln lassen, dann mit einem Schaumlöffel herausheben.

Dicke Bohnen mit Sahne

2 Zwiebeln	*1 Becher Crème fraîche (200 g)*
30 g Butter	*Salz*
2 Pakete Tiefkühl-Dicke Bohnen	*weißer Pfeffer*
1 Bund Bohnenkraut	*½ TL getrockneter Majoran*
4 EL Wasser	*⅛ l Sahne*
Instant-Gemüsebrühe	

Zwiebeln schälen und hacken, in der erhitzten Butter glasig braten. Bohnen, gewaschenes Bohnenkraut, Wasser, Gemüsebrühe und Crème fraîche zugeben. Alles mischen und zugedeckt bei schwacher Hitze garen. Bohnenkraut entfernen. Bohnen mit Salz, Pfeffer und Majoran abschmecken. Die Sahne untermischen und alles bei starker Hitze cremig einkochen lassen.

Graupen in Tomatencreme

300 g Tomaten
1 Zwiebel
1 kleine Möhre
2 EL Öl
200 g Graupen
3/8 l Gemüsebrühe
1 Becher Crème fraîche
1 Bund Basilikum
Salz
schwarzer Pfeffer

Tomaten häuten und würfeln, dabei von den Stielansätzen befreien. Zwiebel und Möhre schälen und ebenfalls ganz fein würfeln. Öl erhitzen, Zwiebel und Möhre darin anschwitzen. Graupen und Tomaten zugeben und unter Rühren so lange mitschmoren, bis die Tomaten weich sind. Gemüsebrühe zugießen, alles aufkochen und zugedeckt bei schwacher Hitze 20 Minuten garen. Basilikum waschen, Blättchen abzupfen, trockentupfen und fein zerkleinern. Unter die Graupen mischen. Die Graupen mit Salz und Pfeffer abschmecken.

Beilage: Gemüsefrikadellen *(Rezept Seite 138).*

Bohnen mit Paprikaschoten und Speck

1 grüne Paprikaschote
100 g Räucherspeck
1 Gemüsezwiebel
1 Knoblauchzehe
2 EL Öl
1 EL getrockneter Thymian
2 Dosen rote Bohnen
1/8 l trockener Rotwein
Salz
schwarzer Pfeffer

Paprikaschote putzen, von den Kernen befreien, waschen, abtrocknen und in Streifen schneiden. Räucherspeck fein würfeln. Zwiebel schälen und in Ringe schneiden, geschälten Knoblauch hacken. Öl erhitzen, Räucherspeck bei schwacher bis mittlerer Hitze darin ausbraten. Paprikaschote, Zwiebel, Knoblauch und Thymian zugeben und einige Minuten mitbraten. Abgetropfte Bohnen und Rotwein zufügen und alles 15 Minuten garen. Bohnen mit Salz und Pfeffer abschmecken.

Süße Hauptgerichte und Desserts

Eierkuchen mit Apfelkompott

120 g Weizenmehl
Type 1050
40 g Buchweizenmehl
Salz
3/8 l Milch
2 Eier
500 g säuerliche Äpfel
2 EL Cognac
2 EL Honig
50 g Rosinen
50 g gehackte Haselnußkerne
Zimtpulver
2 EL Butterschmalz

Beide Mehlsorten mit einer Prise Salz, Milch und Eiern zu einem glatten Teig verrühren und zugedeckt quellen lassen. Inzwischen Äpfel schälen, vierteln und die Kerngehäuse herausschneiden. Äpfel in Schnitze teilen. Mit Cognac und Honig einmal aufkochen und bei schwacher Hitze zugedeckt etwa 5 Minuten dünsten. Abkühlen lassen, dann mit Rosinen und Haselnüssen mischen und mit Zimt abschmecken. Nach und nach Butterschmalz erhitzen und Eierkuchen darin backen. Warm halten. Wenn alle gebacken sind, Eierkuchen mit Apfelkompott bestreichen, aufrollen und sofort servieren.

Grießschmarren

240 g Vollkorngrieß
½ l Milch
Salz
6 Eier
1 unbehandelte Zitrone
40 g Zucker
2 EL Butter

Grieß mit Milch und einer Prise Salz einmal aufkochen, dann zugedeckt bei schwacher Hitze in 10 Minuten ausquellen lassen. Grießbrei etwas abkühlen lassen. Eier trennen. Zitrone waschen und die Schale fein abreiben. Eigelb, Zitronenschale und Zucker unter den Grießbrei mischen. Eiweiß mit Salz steif schlagen und unterheben. Butter erhitzen. Grießmasse in eine Pfanne geben und backen, bis die Masse an den Rändern fest wird. Wenden und auf der Unterseite ebenfalls backen. Grießmasse dann mit zwei Gabeln in Stücke reißen und noch einmal kurz backen. Sofort mit Kompott servieren.

Eierkuchen mit Quark

160 g Weizenmehl Type 1050
Salz
⅜ l Milch
2 Eier
400 g Quark
3 Eigelb
2 EL flüssiger Honig
2 EL Orangenlikör
2 Orangen
1 EL Schokosplitter
2 EL Butterschmalz

Mehl mit einer Prise Salz, Milch und Eiern zu einem glatten Teig verrühren. Zugedeckt quellen lassen. Inzwischen Quark mit Eigelb, Honig und Orangenlikör glattrühren. Orangen schälen, in Filets teilen und diese in kleine Stücke schneiden. Zusammen mit den Schokosplittern unter den Quark mischen. Butterschmalz nach und nach erhitzen und Eierkuchen darin backen und warm halten. Wenn alle gebacken sind, Eierkuchen mit Quarkcreme bestreichen, aufrollen und sofort servieren.

Haferflockenauflauf

3 EL Butter
250 g Haferflocken
Salz
4 säuerliche Äpfel
4 Eier
½ l Milch
80 g Zucker
Zimtpulver

Butter erhitzen. Haferflocken mit einer Prise Salz zugeben und etwa 10 Minuten unter Rühren anrösten. Inzwischen Äpfel schälen, vierteln und von den Kerngehäusen befreien. Äpfel in Schnitze teilen. Eine feuerfeste Form mit einer Schicht Haferflocken ausstreuen. Äpfel einfüllen und wieder mit Haferflocken bedecken. So fortfahren, bis alle Zutaten eingefüllt sind. Eier mit Milch, Zucker und Zimt verquirlen und über die Haferflocken gießen. Auflauf im vorgeheizten Backofen bei 200° etwa 20 Minuten backen.

Zwetschenpfannkuchen

250 g Weizenvollkornmehl
Salz
3 Eier
½ l Buttermilch
½ Zitrone
500 g Zwetschen
4 EL Zucker
2 EL geriebene Haselnüsse
Zimtpulver
6 EL Butterschmalz

Mehl mit einer Prise Salz, Eiern und Buttermilch zu einem glatten Teig verrühren und zugedeckt 30 Minuten ruhen lassen. Inzwischen Zitrone auspressen. Zwetschen waschen, abtrocknen und halbieren, Kerne entfernen. Zwetschen mit Zitronensaft beträufeln. Etwas Butterschmalz in einer Pfanne erhitzen und Teig einfüllen. Eierkuchen mit Zwetschen belegen und mit Zucker, Haselnüssen und Zimt bestreuen. Eierkuchen wenden und auf der zweiten Seite ebenfalls backen, dann herausnehmen und warm halten. Nacheinander die übrigen Eierkuchen backen, dabei immer wieder Butterschmalz zufügen.

Überbackene Brombeercrêpes

50 g Weizenmehl
Type 1050
50 g Buchweizenmehl
Salz
2 EL Zucker
¼ l Milch
3 Eier
350 g Brombeeren
4 EL Zucker
1 EL Vanillezucker
1 TL Zitronensaft
1 TL Brombeerlikör
3 EL Butterschmalz
⅛ l süße Sahne
1 TL flüssiger Honig
1 Eigelb
1 EL Butter

Beide Mehlsorten mit einer Prise Salz, Zucker, Milch und Eiern zu einem glatten Teig verrühren und zugedeckt 30 Minuten quellen lassen. Inzwischen Brombeeren verlesen, waschen und abtropfen lassen. Mit Zucker, Vanillezucker, Zitronensaft und Brombeerlikör mischen. Nacheinander im erhitzten Butterschmalz Eierkuchen backen. Crêpes mit Brombeeren füllen, aufrollen und in eine feuerfeste Form legen. Sahne mit Honig und Eigelb verquirlen und über die Crêpes gießen. Mit Butterflöckchen belegen und im vorgeheizten Backofen bei 220° etwa 30 Minuten überbacken, bis sie leicht gebräunt sind.

Salbei-Mäuschen

100 g Weizenvollkornmehl
Salz
⅛ l Milch
1 Ei
1 TL Sonnenblumenöl
40 g Salbeiblätter
Öl zum Ausbacken
1 TL Zimtpulver
2 EL brauner Zucker

Mehl mit Salz und Milch glattrühren. Ei trennen. Eigelb und Öl unter den Teig mischen. Eiweiß mit Salz steif schlagen und unterheben. Salbeiblätter waschen und sehr gut trockentupfen. Öl in einem Topf auf 180° erhitzen. Es hat die entsprechende Temperatur, wenn an einem Holzlöffel, den man hineintaucht, Bläschen aufsteigen. Salbeiblätter an den Stielen festhalten, in den

Teig tauchen und portionsweise im Öl ausbacken. Auf Küchenpapier abtropfen lassen und im Backofen warm halten. Zimt mit Zucker mischen und die Salbei-Mäuschen damit bestreut servieren.

Brotpudding mit Vanillesauce

Für 6—8 Personen:

250 g altbackenes Vollkornbrot
1/8 l Milch
1/2 unbehandelte Zitrone
150 g Butter
100 g Zucker
3 Eigelb
1 TL Zimtpulver, Nelkenpulver, Muskat
1 EL Vanillezucker
Salz
2 EL weißer Rum
50 g geriebene Zartbitter-Schokolade
50 g geriebene Mandeln
4 Eiweiß
1 TL Butter
1/4 l Milch
1/4 l süße Sahne
1/2 l Vanilleschote
100 g Zucker
5 Eigelb

Vollkornbrot in der Milch einweichen. Von der Zitrone die Schale fein abreiben. Butter mit Zucker und Eigelb schaumig rühren, bis sich der Zucker gelöst hat. Zimt, je eine Prise Nelkenpulver und Muskat, Vanillezucker, Zitronenschale, Salz und Rum zugeben. Brot mit einer Gabel etwas zerpflücken, dann mit Schokolade und Mandeln unter die Buttermasse rühren. Eiweiß steif schlagen und unterheben. Puddingform mit Butter ausstreichen und die Masse einfüllen. Pudding im Wasserbad etwa 90 Minuten garen. Der Pudding ist fertig, wenn an einem Holzstäbchen, das man hineinsticht, keine Teigreste mehr haften bleiben. Inzwischen Milch und Sahne mit der aufgeschlitzten Vanilleschote bei schwacher Hitze 10 Minuten köcheln lassen. Zucker mit Eigelb schaumig schlagen. Sahnemilch etwas abkühlen lassen, dann langsam in die Eigelbmasse gießen. Unter Rühren langsam erhitzen, bis die Sauce dick wird. Brotpudding auf eine Platte stürzen. Vanillesauce getrennt dazu servieren.

Grießflammeri

½ unbehandelte Zitrone
½ l Milch
Salz
30 g Zucker
65 g Vollkorngrieß
2 Eier
40 g gehackte Mandeln

Zitrone heiß waschen und die Schale fein abreiben. Milch mit Zitronenschale und einer Prise Salz zum Kochen bringen. Zucker und Grieß einrühren, einmal aufkochen, dann bei schwacher Hitze in etwa 10 Minuten ausquellen lassen. Eier trennen. Eigelb unter den Grießbrei mischen. Eiweiß mit Salz sehr steif schlagen und unter die abgekühlte Masse heben. Mandeln ebenfalls untermischen. Eine Flammeriform mit kaltem Wasser ausspülen. Grießmasse einfüllen und glattstreichen. Zwölf Stunden zugedeckt im Kühlschrank fest werden lassen. Flammeri auf eine Platte stürzen.

Hirsepflänzchen mit Dörrobst-Kompott

250 g gemischtes Dörrobst
2 cl Zwetschenwasser
⅛ l Wasser
2 EL Honig
1 Orange
1 TL Pflaumenmus
¼ l trockener Rotwein
200 g fein gemahlene Hirse
50 g Weizenvollkornmehl
1 Päckchen frische Hefe
knapp ⅜ l Milch
3 Eier
100 g Butter
1 EL Zucker
1 Prise Salz
½ Zitrone
Öl zum Backen

Dörrobst mit Zwetschenwasser übergießen. Wasser mit Honig in einen Topf geben und bei mittlerer Hitze unter ständigem Rühren sirupartig einkochen lassen. Mit der fein abgeriebenen Orangenschale, dem ausgepreßten Orangensaft, Pflaumenmus und Rotwein mischen. Über das Dörrobst geben und dieses zugedeckt 2 Tage durchziehen lassen. Für die Hirsepflänzchen

Hirse mit Mehl, der zerbröckelten Hefe, der lauwarmen Milch, den zimmerwarmen Eiern, der weichen Butter, Zucker, Salz und abgeriebener Zitronenschale verrühren. Teig zugedeckt 1 Stunde gehen lassen. Reichlich Öl in einer großen Pfanne erhitzen, für jedes Pflänzchen 2 EL Teig hineingeben und die Pflänzchen bei schwacher bis mittlerer Hitze auf beiden Seiten langsam backen. Das Kompott dazu servieren.

Dampfnudeln

500 g Weizenmehl
Type 1050
100 g Zucker
1 Päckchen Trockenhefe
½ l Milch
1 Ei
abgeriebene Zitronenschale
1 Prise Salz
40 g Butter

Mehl mit der Hälfte des Zuckers, Hefe, ¼ l lauwarmer Milch, dem zimmerwarmen Ei, Zitronenschale und Salz zu einem Hefeteig verarbeiten. Teig 15 Minuten gehen lassen, dann mit dem Kochlöffel durchschlagen, bis er Blasen wirft. Zugedeckt weitere 45 Minuten gehen lassen, zu einer Rolle formen und in 10 Stücke teilen. Stücke zu Kugeln formen und mit einem Küchentuch bedeckt noch einmal 30 Minuten gehen lassen. Inzwischen Butter in einem Topf schmelzen, der so groß sein muß, daß alle Dampfnudeln nebeneinander darin Platz haben. Restlichen Zucker in der heißen Butter unter Rühren karamelisieren. Mit der übrigbehaltenen Milch aufgießen. Dampfnudeln nebeneinander in den Topf setzen und Deckel auflegen. Der Topf muß wirklich dicht schließen, damit kein Dampf entweichen kann. Dampfnudeln in der schwach kochenden Milch 20 Minuten garen. Deckel währenddessen nicht abheben, sonst fallen die Nudeln zusammen.

Beilagen: Weinschaum- oder Vanillesauce oder auch Kompott.

Kartäuser-Klöße mit Weinschaumsauce

8 altbackene Weizenkeimbrötchen
¾ l Milch
1 TL Vanillezucker
½ Zitrone
2 EL Honig
2 Eier
80 g Butterschmalz zum Braten
1 EL brauner Zucker
1 TL Zimt
2 Eigelb
⅛ l Weißwein
50 g Zucker

Rinde der Brötchen rundherum abreiben. Brötchen quer durchschneiden. Milch mit Vanillezucker, abgeriebener Zitronenschale (Zitronensaft auspressen und für die Sauce beiseite stellen) und Honig heiß werden lassen. Über die Brötchenhälften gießen und diese 15 Minuten ziehen lassen. Eier verquirlen, abgetropfte Brötchen darin wenden und in dem heißen Butterschmalz von beiden Seiten goldbraun braten. Zucker mit Zimt mischen, Brötchen damit bestreuen und warm halten. Eigelb mit Zitronensaft, Wein und Zucker im Wasserbad zu einer schaumigen Sauce aufschlagen. Weinschaumsauce zu den Kartäuser-Klößen servieren.

Tofuschaum mit Pflaumen

250 g Tofu
1 EL Zitronensaft
1 EL Honig
¼ l Sahne
1 kleines Glas Pflaumenkompott
2 EL Mandelsplitter
1 TL Butter

Tofu mit Zitronensaft und Honig im Mixer pürieren. Geschlagene Sahne unterheben. Abgetropftes Pflaumenkompott schichtweise mit dem Tofuschaum auf vier hohe Dessertgläser verteilen. Mandelsplitter in der heißen Butter goldgelb rösten und über das Dessert streuen.

Strudel mit Sprossen und Kirschen

250 g Weizenmehl Type 1050
Salz
⅛ l lauwarmes Wasser
5 EL Öl
1 Eigelb
750 g Sauerkirschen
3 Scheiben altbackenes Vollkornbrot
150 g gekeimte Weizenkörner
150 g gekeimte Sonnenblumenkerne
1 Becher Crème fraîche (200 g)
½ Becher saure Sahne (125 g)
5 EL flüssiger Honig
1 TL Zimtpulver
75 g Butter

Mehl mit einer Prise Salz, Wasser, Öl und Eigelb zu einem geschmeidigen Teig verkneten. Sollte der Teig zu fest sein, noch etwas Wasser untermischen. Teig in einem angewärmten Topf 30 Minuten ruhen lassen. Inzwischen Sauerkirschen waschen, abtropfen lassen und entsteinen. Vollkornbrot fein reiben. Weizen- und Sonnenblumenkeime kalt abspülen und abtropfen lassen. Crème fraîche mit saurer Sahne, Honig und Zimtpulver verquirlen. Butter schmelzen lassen. Teig in zwei Stücke teilen. Auf wenig Mehl dünn ausrollen, dann auf ein Küchentuch legen und mit den Händen so dünn wie möglich ausziehen. Beide Teige mit Butter bepinseln und mit den Brotbröseln bestreuen. Kirschen und Crème fraîche-Mischung darauf verteilen. Strudel mit Hilfe des Küchentuchs aufrollen und nebeneinander in eine gefettete, feuerfeste Form gleiten lassen. Beide Strudel mit Butter bepinseln und im vorgeheizten Backofen bei 220° etwa 25 Minuten backen. Dabei häufig mit der restlichen Butter bestreichen. Heiß oder lauwarm servieren.

Buchweizenwaffeln

200 g Buchweizenmehl
200 g Weizenvollkornmehl
1 Päckchen Trockenhefe
1 TL Zucker
¼ l Milch
1 Ei
2 Eigelb
2 EL Honig
⅛ l saure Sahne
abgeriebene Zitronenschale
1 Prise Salz
1 TL Vanillinzucker
Butterschmalz für das Waffeleisen
Ahornsirup zum Beträufeln

Die beiden Mehlsorten, Hefe, Zucker, lauwarme Milch, zimmerwarmes Ei und Eigelb, flüssigen Honig, angewärmte saure Sahne, Zitronenschale, Salz und Vanillinzucker verrühren. Teig zugedeckt 30 Minuten gehen lassen, dann mit dem Kochlöffel durchschlagen, bis er Blasen wirft. Teig weitere 40 Minuten zugedeckt gehen lassen. Waffeleisen erhitzen und mit Butterschmalz auspinseln. Von jeweils 2 EL Teig Waffeln backen. Waffeln heiß mit Ahornsirup beträufelt servieren.

Obstsalat mit Getreidesprossen

4 EL Weizen
Gerste und Hafer gemischt
250 g gemischte Beeren
1 Apfel
1 Birne
1 Banane
2 Kiwis
1 Orange
1 EL Orangenlikör
1 TL Ahornsirup
2 EL Kürbiskerne

Weizen, Gerste und Hafer in Keimschalen oder Einmachgläser geben, mit Wasser übergießen und 3 Tage keimen lassen *(siehe Seite 22)*. Das Wasser täglich erneuern. Getreidesprossen kalt abspülen und trockenschwenken. Beeren verlesen, waschen und abtropfen lassen. Apfel und Birne vierteln, schälen, vom Kerngehäuse befreien und in Schnitze teilen. Geschälte Banane und Kiwis in Scheiben schneiden. Getreidesprossen, Beeren und Obst vorsichtig mischen. Orange auspressen. Saft mit Orangenlikör und Ahornsirup verrühren und über den Obstsalat gießen. Alles mit den Kürbiskernen bestreuen und servieren.

Grieß-Quark-Klöße

150 g Weizenvollkorngrieß
400 g trockener Quark
50 g Weizenvollkornmehl
1 EL Honig
1 Ei
½ Zitrone
Salz
50 g Butter
1 EL fein geriebenes Knäckebrot
1 EL Zucker
1 TL Zimt

Grieß mit Quark, Vollkornmehl, flüssigem Honig, Ei, abgeriebener Zitronenschale und Salz zu einem glatten Teig verarbeiten. Teig 15 Minuten ruhen lassen, dann mit 2 Teelöffeln Klößchen abstechen und in sprudelnd kochendes Salzwasser geben. Temperatur zurückschalten, und die Klöße 10—15 Minuten bei schwacher Hitze leise kochen lassen. Mit einem Schaumlöffel herausnehmen, abtropfen lassen und in eine vorgewärmte Schüssel geben, Butter schmelzen, Knäckebrot, Zucker und Zimt untermischen und alles über den Klößchen verteilen.

Beilage: Rhabarber- oder Zwetschenkompott.

Mohnnudeln

1 l Milch
100 g gemahlener Mohn
1 Prise Salz
1 Orange
25 g Butter
30 g Zucker
250 g Vollkornbandnudeln
1 EL Honig
1 TL Zimt

Milch mit Mohn, Salz, abgeriebener Orangenschale, Butter und Zucker in einer flachen, ofenfesten Form einmal aufkochen. Nudeln einstreuen und die Form in den vorgeheizten Backofen stellen. Nudeln bei 180° zuerst zugedeckt, dann offen etwa 40 Minuten garen, bis sie weich sind und die Flüssigkeit fast aufgesogen haben. Bei Bedarf noch etwas Milch zugießen. Honig bei schwacher Hitze flüssig werden lassen, mit dem Zimt mischen und über die gegarten Nudeln träufeln.

Beilage: Eventuell Kompott.

Orangenreis

150 g Naturrundkornreis
300 ccm Milch
1 Prise Salz
1 EL Honig
1 Stück Zimtstange
½ Vanilleschote
100 g Rosinen
4 Orangen
1 EL Orangenlikör
knapp ¼ l Sahne
2 EL Schokostreusel

Reis mit Milch, Salz, Honig, Zimtstange und aufgeschlitzter Vanilleschote einmal aufkochen und zugedeckt bei schwächster Hitze in etwa 45 Minuten ausquellen lassen. Inzwischen Rosinen mit dem ausgepreßten Saft von 3 Orangen und dem Orangenlikör mischen und ziehen lassen. Zimtstange und Vanilleschote aus dem gegarten Reis nehmen und wegwerfen. Rosinen unter den heißen Reis mischen und alles abkühlen lassen.

 Risotto mit Spinat und Linsen (Rezept S. 149)

Orangen schälen und in Stücke schneiden. Ebenfalls unter den Reis mischen. Sahne steif schlagen und unterziehen. Reis mit Schokostreuseln bestreut servieren.

Kirschenmichel

350 g Vollkornbrot
¾ l Milch
1 Prise Salz
1 Orange
3 EL Honig
1 EL Rum
1 TL Zimt
je 1 Messerspitze gemahlene Nelken, Kardamom, Macis und Ingwerpulver
3 Eier
750 g Sauerkirschen
30 g Butter für die Form und zum Belegen

Vollkornbrot in sehr dünne Scheiben schneiden und ausgebreitet 2 Tage trocknen lassen. Dann in eine Schüssel geben. Milch mit Salz, abgeriebener Schale und ausgepreßtem Saft der Orange, flüssigem Honig, Rum, Zimt, Nelken, Kardamom, Macis, Ingwer und Eiern verquirlen. Über das Brot gießen und durchziehen lassen, bis das Brot vollkommen durchgeweicht und die Milch ganz aufgesogen ist. Eventuell noch etwas Milch nachgießen. Sauerkirschen waschen, von den Stielen zupfen und entsteinen. Eine ofenfeste Auflaufform fetten und schichtweise mit der Brotmasse und den Kirschen füllen. Die oberste Lage soll Brotmasse sein. Mit der restlichen Butter in Flöckchen belegen. Form in den vorgeheizten Backofen schieben und den Kirschenmichel bei 200° etwa 45 Minuten backen.

Variante: Der Auflauf schmeckt auch mit süßen Kirschen, Johannisbeeren oder Äpfeln.

Johannisbeerfladen

250 g Johannisbeeren
¼ l Milch
3 Eier
1 Prise Salz
2 EL Zucker
20 g Hefe
175 g Weizenmehl Type 1050
50 g Butterschmalz
⅛ l Sahne

Johannisbeeren waschen, von den Stielen zupfen und abtropfen lassen. Milch mit Eiern, Salz und 1 TL Zucker verrühren. Zerbröckelte Hefe zugeben. Alles mit einem Schneebesen durchschlagen und dabei nach und nach das Mehl untermischen. Teig so lange schlagen, bis er vollkommen glatt ist. Butterschmalz in eine flache, ofenfeste Form geben und im heißen Backofen zerlassen. Teig in die Form gießen und mit den Johannisbeeren bestreuen. Form in den Backofen stellen und den Johannisbeerfladen bei 180° 10 Minuten backen. Sahne mit dem restlichen Zucker verquirlen und über den Johannisbeerfladen gießen. Den Fladen weitere 10 Minuten backen, bis er an der Oberfläche schön goldgelb ist.

Backen, süß und herzhaft

Maiskuchen mit Zwetschen

500 g Zwetschen
140 g Maisgrieß (Polenta)
200 g Butter oder Margarine
160 g Zucker
1 Prise Salz
1 Zitrone
4 Eier
75 g Mehl
½ Päckchen Backpulver
Fett für die Form
2 EL Zucker
1 TL Zimt

Zwetschen waschen, halbieren und entsteinen. Maisgrieß mehlfein mahlen. Für den Teig weiches Fett, Zucker, Salz, Zitronensaft und abgeriebene Zitronenschale schaumig rühren. Eier nach und nach untermischen. Maismehl, Mehl und Backpulver gemischt zufügen und nur so lange weiterrühren, bis sich alle Zutaten miteinander verbunden haben. Der Teig soll schwer reißend vom Quirl fallen. Teig in einer gefetteten Springform (26 cm Durchmesser) glattstreichen. Zwetschen auf dem Teig verteilen. Form in den kalten Backofen stellen. Ofen auf 180° schalten und den Kuchen etwa 50 Minuten backen. Ein Holzstäbchen in die Mitte des Kuchens stechen. Wenn keine Teigreste mehr daran haften, ist der Kuchen fertig. Herausnehmen, 10 Minuten auskühlen lassen, dann aus der Form lösen.

Hefekranz mit Sprossen

30 g frische Hefe
60 g Zucker
¼ l lauwarme Milch
80 g Butter
1 unbehandelte Zitrone
500 g Weizenmehl (Type 1050)
1 Ei
1 Eigelb
Salz
Mehl zum Kneten und Ausrollen
100 g gemischtes Trockenobst
2 EL Orangensaft
50 g Haselnußkerne
1 EL gekeimte Kichererbsen
1 EL gekeimte Weizenkörner
2 EL flüssiger Honig
½ TL Zimt
Fett für das Blech
1 EL Butter
50 g Puderzucker

Hefe zerbröckeln, mit 1 TL Zucker und 2 EL Milch verrühren. Zitrone heiß waschen, abtrocknen und die Schale abreiben. Restliche Milch erwärmen, Fett darin zerlaufen lassen. Mehl mit Hefe, Milch-Fett-Mischung, Ei, Eigelb, einer Prise Salz und Zitronenschale mischen und mit den Knethaken so lange rühren, bis sich der Teig vom Schüsselboden löst. Dann auf der bemehlten Arbeitsfläche etwa 5 Minuten durchkneten. Teig an einem warmen Ort zugedeckt ruhen lassen, bis er sein Volumen verdoppelt hat. Inzwischen Trockenobst fein hacken, mit Orangensaft übergießen und 30 Minuten ziehen lassen. Haselnußkerne und Kichererbsen ebenfalls fein hacken. Diese Zutaten mit Weizenkeimen, Honig und Zimt mischen. Hefeteig nochmals durchkneten und zu einem Rechteck ausrollen. Füllung darauf verstreichen und den Teig von der Längsseite her aufrollen. Zu einem Kranz formen und auf dem gefetteten Backblech 30 Minuten gehen lassen. Hefekranz bei 180° etwa 50 Minuten backen, dabei nach 40 Minuten mit Butter bestreichen. Stäbchenprobe machen. Den Kuchen noch heiß mit Puderzucker bestäuben.

Bunter Obstkuchen

250 g Weizenvollkornmehl
100 g Zucker
80 g Butter
2 Eier
Salz
Fett für die Form
750 g gemischte Früchte (z. B. Erdbeeren, Himbeeren, Johannisbeeren und Bananen)
100 g Marzipan-Rohmasse
3 EL weißer Rum
1 Päckchen heller Tortenguß
$\frac{1}{8}$ l süße Sahne
$\frac{1}{2}$ EL Vanillezucker

Mehl, Zucker, weiches Fett, Eier, eine Prise Salz und 2 EL eiskaltes Wasser zu einem glatten Teig verkneten. Teig in Folie gewickelt mindestens 45 Minuten kalt stellen. Eine gefettete Springform von 28 Zentimeter Durchmesser mit dem Teig auskleiden, dabei einen 3 cm hohen Rand formen. Hülsenfrüchte zum Blindbacken auf den Kuchenboden geben. Kuchenboden im vorgeheizten Backofen bei 200° etwa 25 Minuten backen. Inzwischen Früchte vorbereiten und gegebenenfalls zerkleinern. Kuchenboden in der Form auskühlen lassen, dann herauslösen. Marzipan mit Rum verrühren und den Kuchenboden damit bestreichen. Obst darauf verteilen. Tortenguß nach Packungsaufschrift zubereiten und die Früchte damit übergießen. Sahne mit Vanillezucker steif schlagen und den Kuchen damit verzieren.

Bananenkuchen

1 Zitrone
300 g Bananen
1 EL Cognac
5 Eier
2 EL Sanoghurt
100 g Zucker
Salz
150 g Weizenvollkornmehl
150 g gemahlene Haselnüsse
½ Päckchen Backpulver
Fett für die Form

Zitrone auspressen. Bananen schälen und mit Zitronensaft und Cognac fein zerdrücken. Eier trennen. Eiweiß steif schlagen. Eigelb mit Sanoghurt, Zucker und einer Prise Salz schaumig schlagen. Mehl mit Haselnüssen und Backpulver mischen. Abwechselnd Mehlmischung und Banane nach und nach unter die Eigelbcreme rühren. Eischnee vorsichtig unterziehen. Teig in eine gefettete Springform von 26 Zentimeter Durchmesser füllen und glattstreichen. Kuchen im vorgeheizten Backofen bei 180° etwa 1 Stunde backen. Stäbchenprobe machen. Fertigen Kuchen 10 Minuten in der Form stehenlassen, herauslösen und dann auf einem Kuchengitter vollkommen auskühlen lassen.

Butterkuchen

500 g Weizenvollkornmehl
1 Päckchen Trockenhefe
Salz
80 g Zucker
80 g Butter oder Margarine
1 Ei
1 Eigelb
1 unbehandelte Zitrone
¼ l Milch
Mehl für die Arbeitsfläche
Fett für das Blech
150 g Butter
4 EL flüssiger Honig
4 TL Zimt
150 g Mandelblättchen

Mehl, Hefe, Salz und Zucker in einer Schüssel mischen. Weiche Butter in kleinen Stücken darüber verteilen, Ei, Eigelb und abgeriebene Zitronenschale zugeben. Angewärmte Milch unter Rühren mit den Knethaken des Handrührgerätes zugießen. So lange rühren, bis sich der Teig vom Schüsselboden löst. Dann auf der bemehlten Arbeitsfläche etwa 5 Minuten durchkneten. Teig an einem warmen Ort zugedeckt ruhen lassen, bis er sein Volumen mehr als verdoppelt hat. Teig nochmals durchkneten und ein gefettetes Backblech damit auslegen. Teig weitere 15 Minuten gehen lassen. 4 EL Butter zerlassen und den Teig damit bestreichen. Honig, Zimt und Mandelstifte mischen und auf dem Teig verteilen. Restliche Butter in Flöckchen darauf verteilen. Butterkuchen bei 200° etwa 20 Minuten backen, bis er goldgelb ist. In Stücke schneiden und auskühlen lassen.

Brotkuchen mit Johannisbeeren

1 unbehandelte Zitrone
225 g altbackenes Schwarzbrot
750 g rote oder schwarze Johannisbeeren
6 Eier
175 g Zucker
125 g feingehackte Walnußkerne
½ Päckchen Backpulver
Fett für die Form
1–2 EL Puderzucker

Zitrone heiß waschen und abtrocknen. Schale fein abreiben, Zitrone dann auspressen. Schwarzbrot fein zerkleinern und mit Zitronensaft mischen. Johannisbeeren von den Stielen zupfen, waschen und abtropfen lassen. Eier trennen. Eigelb mit Zucker schaumig schlagen. Brot, Nüsse, Backpulver, Zitronenschale und Johannisbeeren untermischen. Eiweiß steif schlagen und vorsichtig unterziehen. Teig in eine gefettete Springform von 28 Zentimeter Durchmesser füllen. Kuchen im vorgeheizten Backofen bei 180° etwa 1 Stunde backen. Stäbchenprobe machen. Fertigen Kuchen 10 Minuten in der Form stehenlassen, herauslösen und vollkommen auskühlen lassen. Mit Puderzucker bestäuben.

Müsli-Plätzchen

150 g Hafermehl
50 g geriebene Haselnüsse
50 g gehackte Walnußkerne
50 g Rosinen
50 g getrocknete Aprikosen
50 g gekeimte Kichererbsen
1 TL Backpulver
125 g Sirup
Salz
½ TL Zimt
½ TL Ingwerpulver
1 Ei
200 g Butter

Mehl, Haselnüsse und Walnüsse mischen. Rosinen waschen, abtropfen lassen und grob hacken. Aprikosen und Kichererbsen fein hacken. Mit Backpulver, Sirup, einer Prise Salz, Zimt und Ingwer zu der Mehlmischung geben. Weiche Butter in Stücken darauf verteilen und alles zu einem glatten Teig verkneten. In Folie gewickelt mindestens 1 Stunde kühl stellen. Aus dem Teig kleine Kugeln formen, auf ein Backblech geben und etwas flachdrücken. Plätzchen im vorgeheizten Backofen bei 220° etwa 10 Minuten backen. Noch heiß vom Blech lösen und auskühlen lassen.

Apfelkuchen mit Streuseln

250 g Weizenvollkornmehl
100 g Zucker
1 Ei
Salz
130 g Butter
750 g säuerliche Äpfel
1 EL Zitronensaft
100 g Butter
150 g Buchweizenmehl
80 g brauner Zucker
½ TL Zimt
Fett für die Form

Mehl, Zucker, Ei und eine Prise Salz mischen. Butter in kleinen Stücken zugeben und alles zu einem glatten Teig verkneten. In Folie gewickelt 1 Stunde kühlen. Inzwischen Äpfel schälen, vierteln und von den Kerngehäusen befreien. Äpfel in Schnitze teilen und sofort mit dem Zitronensaft beträufeln. Für die Streusel

Butter zerlassen, Mehl mit Zucker und Zimt mischen. Butter darüberträufeln und alles mit einer Gabel zu Streuseln verkneten. Eine gefettete Springform von 28 cm Durchmesser mit dem Teig auskleiden, dabei einen 3 cm hohen Rand formen. Äpfel darauf verteilen und mit den Streuseln bedecken. Kuchen im vorgeheizten Backofen bei 200° etwa 50 Minuten backen.

Blechkuchen mit Aprikosen

350 g Weizenvollkornmehl
150 g Roggenmehl
1 Päckchen Trockenhefe
Salz
70 g Zucker
100 g Butter
je 1 Messerspitze Nelkenpfeffer, Muskatnuß und Kardamom
1 TL Zimt
3/8 l lauwarme Milch
Fett für das Blech
1,5 kg Aprikosen
1/2 Zitrone
200 g Zucker
2 Eier
500 g Quark
1/8 l saure Sahne

Mehlsorten, Hefe, eine Prise Salz und Zucker mischen. Weiches Fett in kleinen Stücken darüber verteilen. Gewürze zugeben. Milch unter Rühren zugießen. So lange rühren, bis sich der Teig vom Schüsselboden löst. Dann auf bemehlter Arbeitsfläche etwa 5 Minuten durchkneten. Teig zugedeckt an einem warmen Ort gehen lassen, bis er sein Volumen verdoppelt hat. Teig auf einem gefetteten Backblech ausrollen und noch einmal 20 Minuten gehen lassen. Inzwischen Aprikosen waschen, abtrocknen und entsteinen. Von der Zitrone die Schale abreiben, Zitrone dann auspressen. Aprikosen auf dem Teig verteilen und mit der Hälfte des Zuckers bestreuen. Eier trennen. Quark mit restlichem Zucker, Eigelb, Zitronenschale und -saft sowie der sauren Sahne verrühren. Eiweiß mit einer Prise Salz steif schlagen und unterheben. Quarkcreme auf den Aprikosen verstreichen. Kuchen bei 180° etwa 50 Minuten backen. Auskühlen lassen, dann in Stücke schneiden.

Rosinenbrötchen

200 g Roggenmehl Type 1370
200 g Weizenschrot
1 Päckchen Trockenhefe
1 Beutel Natursauerteig (150 g)
200 ccm Milch
150 g Quark
1 Ei
100 g Butter
1 EL Zuckerrübensirup
½ Zitrone
1 Prise Salz
100 g Rosinen
Fett für die Förmchen

Mehl mit Weizenschrot, Hefe, zimmerwarmem Sauerteig, lauwarmer Milch, Quark, Ei, weicher Butter, Sirup, abgeriebener Zitronenschale und Salz mischen. Teig zugedeckt 15 Minuten gehen lassen, dann so lange schlagen, bis er Blasen wirft. Den Teig gehen lassen, bis er sein Volumen verdoppelt hat. Rosinen untermischen und den Teig entweder in gefettete Briocheförmchen oder Porzellantassen verteilen (Formen nur bis zu etwa zwei Drittel füllen). Teig noch einmal gehen lassen, Förmchen in den vorgeheizten Backofen schieben, und die Brötchen bei 200° 20—30 Minuten backen.

Mohnkuchen

200 g Butter
100 g Zucker
1 EL Vanillezucker
8 Eier
200 g feingemahlener Mohn
100 g Weizenvollkornmehl
50 g Speisestärke
50 g gemahlene Mandeln
2 TL Backpulver
50 g geriebene weiße Schokolade
Salz
1 TL Zitronensaft
Fett für die Form
eventuell Schokoladenguß

Butter mit Zucker und Vanillezucker schaumig schlagen, bis sich der Zucker gelöst hat. Eier trennen. Eigelb nacheinander unter die Buttermasse rühren. Mohn mit Mehl, Speisestärke, Mandeln, Backpulver sowie der Schokolade mischen und eßlöffelweise unterrühren. Eiweiß mit einer Prise Salz und Zitronensaft steif schlagen und vorsichtig unterheben. Teig in eine gefettete Springform von 26 cm Durchmesser füllen. Kuchen im vorgeheizten Backofen bei 200° etwa 1 Stunde backen. Stäbchenprobe machen. Kuchen in der Form 10 Minuten stehenlassen, dann auf einem Kuchengitter vollkommen auskühlen lassen. Nach Belieben mit Schokoladenguß überziehen.

Erdbeertorte

½ unbehandelte Orange
6 Eier
180 g Zucker
200 g Weizenmehl Type 1050
100 g Buchweizenmehl
½ Päckchen Backpulver
Fett für die Form
1 Päckchen Vanille-Puddingpulver
¼ l süße Sahne
500 g Erdbeeren

Orange heiß waschen, abtrocknen und die Schale abreiben. Eier trennen. Eiweiß steif schlagen. Zucker und Orangenschale unter Weiterschlagen einrieseln lassen. Eigelb unterziehen. Mehlsorten mit Backpulver mischen und vorsichtig unterheben. Teig in eine nur am Boden gefettete Springform von 26 cm Durchmesser füllen. Im vorgeheizten Backofen bei 180° etwa 45 Minuten backen. Stäbchenprobe machen. Biskuit vom Rand der Form lösen, auf ein Kuchengitter stürzen und vollkommen auskühlen lassen. Inzwischen Vanillepudding nach Packungsaufschrift zubereiten und auskühlen lassen. Dabei immer wieder durchrühren, damit sich keine Haut bildet. Sahne steif schlagen und untermischen. Erdbeeren waschen und abtropfen lassen. Einige Früchte zum Garnieren beiseite legen, die restlichen klein schneiden und unter die Puddingmasse mischen. Tortenboden dreimal waagerecht durchschneiden und mit zwei Drittel des Erdbeerpuddings füllen. Wieder zusammensetzen und rundherum mit dem restlichen Pudding überziehen. Mit Erdbeeren garnieren.

Vanillekipferl

200 g Weizenvollkornmehl
60 g gemahlene Haselnußkerne
80 g Zucker
100 g Butter
1 Eigelb
Salz
einige Tropfen Zitronenaroma
1 Vanilleschote
80 g feiner Zucker
Fett für das Blech

Mehl, Nüsse, Zucker, weiche Butter, Eigelb, eine Prise Salz und Zitronenaroma zu einem glatten Teig verkneten. In Folie gewickelt mindestens 30 Minuten kühl stellen. Inzwischen Vanilleschote der Länge nach aufschlitzen, Mark herauskratzen und mit dem Zucker mischen. Aus dem Teig kleine Hörnchen formen und auf ein gefettetes Backblech legen. Im vorgeheizten Backofen bei 180° etwa 20 Minuten backen. Kipferl sofort vom Blech lösen und noch heiß im Vanillezucker wälzen.

Falsche Mandeltorte

400 g getrocknete weiße Bohnen
150 g getrocknete Pflaumen
1 Orange
5 Eier
2 EL Mandellikör
150 g Zucker
50 g Vanillezucker
1 Päckchen Backpulver
1 TL Zitronensaft
Fett für die Form
1 Eigelb
1 EL Sahne

Bohnen kalt abspülen, mit Wasser bedecken und 12 Stunden einweichen. Pflaumen ebenfalls waschen, abtropfen lassen und grob hacken. Orange auspressen und den Saft über die Pflaumen gießen. 2 Stunden ziehen lassen. Bohnen im Einweichwasser zum Kochen bringen und 45 Minuten leise köcheln lassen. Abgießen, etwas erkalten lassen und pürieren. Eier trennen. Eigelb mit Mandellikör, Zucker und Vanillezucker schaumig schlagen. Bohnenpüree und Backpulver mischen. Zusammen mit den Pflaumen — einschließlich Saft — eßlöffelweise unter den Teig rühren. Eiweiß mit Zitronensaft steif schlagen und vorsichtig unterheben. Teig in eine gefettete Springform von 28 cm Durchmesser füllen. Im vorgeheizten Backofen bei 200° etwa 90 Minuten backen. Kurz vor Ende der Backzeit Eigelb mit Sahne verquirlen und den Kuchen damit bestreichen. Stäbchenprobe machen. Kuchen in der Form 10 Minuten stehenlassen, dann herauslösen und auf einem Kuchengitter auskühlen lassen.

Nußkuchen

150 g Weizenvollkornmehl
150 g gemahlene Haselnußkerne
150 g gemahlene Walnußkerne
200 g Zucker
200 g Butter
2 Eier
Salz
1 EL Vanillezucker
1 TL Zimt
einige Tropfen Zitronenaroma
125 g Apfelgelee
1 EL weißer Rum
2 EL gekeimte Sonnenblumenkerne
60 g Puderzucker
2 EL Zitronensaft

Mehl mit Haselnüssen, Walnüssen, Zucker, weicher Butter, Eiern, einer Prise Salz, Vanillezucker, Zimt und Zitronenaroma zu einem glatten Teig verkneten. In Folie gewickelt mindestens 2 Stunden kühl stellen. Teig noch einmal durchkneten und in 2 Stücke teilen. Den Boden einer Springform von 26 cm Durchmesser mit einem Teil auskleiden. Apfelgelee mit Rum glattrühren. Sonnenblumenkerne kalt abspülen, abtropfen lassen und fein hacken. Unter das Gelee mischen. Teig damit bestreichen und mit der zweiten Teighälfte abdecken. Kuchen im vorgeheizten Backofen bei 180° etwa 1 Stunde backen. Kuchen in der Form 10 Minuten stehenlassen, dann herauslösen und auf ein Kuchengitter legen. Puderzucker mit Zitronensaft verrühren und den heißen Kuchen damit bestreichen. Kuchen vor dem Anschneiden einen Tag ruhen lassen.

Flockenplätzchen

50 g Walnußkerne
50 g getrocknete Feigen
2 Eiweiß
1 TL Zitronensaft
60 g Zucker
80 g Weizenvollkornmehl
1 TL Backpulver
50 g Gerstenflocken
Fett für das Blech

Walnußkerne und Feigen grob hacken. Eiweiß mit Zitronensaft steif schlagen. Zucker unter ständigem Weiterschlagen einrieseln lassen. Mehl mit Backpulver gemischt darüberstäuben. Gerstenflocken, Nüsse und Feigen zugeben. Alles vorsichtig mischen. Mit 2 Teelöffeln Häufchen auf ein gefettetes Backblech setzen. Plätzchen im vorgeheizten Backofen bei 150° etwa 25 Minuten backen. Sofort vom Blech lösen und auskühlen lassen.

Lebkuchen

150 g gekeimte Kichererbsen
50 g gekeimte Weizenkörner
100 g getrocknete Feigen
5 Eier
180 g Puderzucker
1 EL Kakaopulver
½ EL Zimt
je 1 Messerspitze Nelkenpulver, Muskat und Kardamom
einige Tropfen Orangenaroma
Salz
175 g gemahlene Haselnußkerne
175 g gemahlene Mandeln
20 runde Backoblaten

Kichererbsen und Weizen kalt abspülen, abtropfen lassen und zusammen mit den Feigen fein hacken. Eier mit Puderzucker, Kakao, Zimt, Nelkenpulver, Muskat, Kardamom, Orangenaroma und einer Prise Salz schaumig schlagen. Kichererbsen, Weizen, Feigen und Nüsse untermischen. Lebkuchenteig auf die Oblaten setzen und auf ein Backblech legen. Im vorgeheizten Backofen bei 180° etwa 30 Minuten backen.

Orangenkugeln

2 unbehandelte Orangen
150 g Weizenvollkornmehl
100 g Weizenmehl Type 1050
50 g Zucker
150 g Butter
1 Eigelb
Fett für das Blech

Orangen heiß waschen, abtrocknen und die Schale hauchdünn schälen. Schale sehr fein hacken. Mehlsorten mit Zucker, weicher Butter, Eigelb und Orangenschale zu einem glatten Teig verkneten. In Folie verpackt mindestens 1 Stunde kühl stellen. Aus dem Teig dann walnußgroße Bällchen formen und auf ein gefettetes Backblech setzen. Plätzchen im vorgeheizten Backofen bei 180° etwa 20 Minuten backen. Sofort vom Blech lösen und auf einem Kuchengitter erkalten lassen.

Quittenplätzchen

200 g Weizenvollkornmehl
60 g gemahlene Mandeln
80 g Zucker
100 g Butter
1 Eigelb
Salz
Zimtpulver
150 g Quittengelee
2 EL gehackte Mandeln
1 EL Kokosflocken
1 EL weißer Rum
Fett fürs Blech

Mehl mit Mandeln, Zucker, weicher Butter, Eigelb und je einer Prise Salz und Zimt zu einem glatten Teig verkneten. In Folie gewickelt mindestens 1 Stunde kühl stellen. Inzwischen Quittengelee mit Mandeln, Kokosflocken und Rum verrühren. Teig dann auf einer bemehlten Arbeitsfläche dünn ausrollen. Runde Plätzchen ausstechen und auf ein gefettetes Backblech setzen. Plätzchen im vorgeheizten Backofen bei 180° etwa 15 Minuten backen. Sofort vom Blech lösen. Die Hälfte der Plätzchen mit Quittengelee bestreichen und mit einem zweiten Plätzchen abdecken.

Champignon-Quiche

300 g Weizenvollkornmehl
2 Eier
1 EL Öl
Salz
3–4 EL kaltes Wasser
2 Zwiebeln
3 Knoblauchzehen
500 g Champignons
1 EL Butter
Salz
weißer Pfeffer
4 Eier
$\frac{1}{8}$ l süße Sahne
3 EL Crème fraîche
2 EL gehackte Petersilie
$\frac{1}{2}$ EL frische Thymianblättchen
75 g geriebener Parmesankäse
1 TL Öl
150 g Mozzarella

Mehl, Eier, Öl, Salz und Wasser zu einem geschmeidigen Nudelteig verkneten und in Folie gewickelt eine Stunde ruhen lassen. Inzwischen Zwiebeln und Knoblauch schälen und fein hacken. Pilze putzen, gegebenenfalls kurz waschen, und blättrig schneiden. Butter erhitzen. Zwiebel und Knoblauch darin glasig braten. Pilze zugeben und bei starker Hitze mitbraten, bis die Flüssigkeit wieder verdampft ist. Mit Salz und Pfeffer würzen. Abkühlen lassen, dann mit Eiern, Sahne, Crème fraîche, Petersilie, Thymian und Parmesan mischen. Eine Springform mit Öl auspinseln und mit dem Nudelteig auskleiden. Pilzmasse einfüllen. Mozzarella abtropfen lassen und würfeln. Auf die Pilzmasse streuen. Quiche im vorgeheizten Backofen bei 220° etwa 30 Minuten backen, bis die Oberfläche leicht gebräunt ist. Warm servieren.

Tomatenquiche

Für 6 Personen:

300 g Weizenmehl Type 1050
6 Eier
1 EL Öl
Salz
evtl. 3–4 EL kaltes Wasser
500 g Tomaten
500 g Zucchini
3 EL Öl
1 Bund Schnittlauch
1 Bund Petersilie
6 Zweige frischer Thymian
⅛ l Milch
1 Becher süße Sahne (200 g)
75 g geriebener Parmesankäse
weißer Pfeffer
Cayennepfeffer
Muskat
2 TL Öl

Mehl mit 2 Eiern, Öl, Salz und etwas Wasser zu einem geschmeidigen Nudelteig verkneten. Sollte der Teig zu fest sein, tropfenweise Wasser zufügen. Teig in Folie gewickelt 30 Minuten ruhen lassen. Inzwischen Tomaten häuten und in Scheiben schneiden. Dabei Stielansätze und Kerne entfernen. Zucchini putzen, waschen, abtrocknen und ebenfalls in Scheiben teilen. Öl erhitzen. Zucchinischeiben darin anbraten. Kräuter waschen, trockenschwenken und fein zerkleinern. Restliche Eier mit Milch, Sahne und Parmesan verquirlen. Kräuter untermischen und die Eiermilch mit Salz, Pfeffer, Cayennepfeffer und Muskat würzen. Backblech mit Öl auspinseln. Nudelteig auf wenig Mehl dünn ausrollen und das Backblech damit auskleiden. Tomaten und Zucchini darauf verteilen. Eiermilch darübergießen. Quiche im vorgeheizten Backofen bei 200° etwa 35 Minuten backen, bis die Oberfläche schön gebräunt ist.

Käsegebäck

200 g Weizenvollkornmehl
Salz
Paprikapulver
100 g geriebener Emmentaler-Käse
100 g geriebener Parmesan
125 g Butter
2 EL saure Sahne
1 Eigelb
1 EL Sahne

Mehl mit Salz, Paprikapulver und Käse mischen. Butter in Stücken und saure Sahne zugeben. Alles zu einem glatten Teig verkneten. In Folie gewickelt mindestens 30 Minuten kühl stellen. Teig noch einmal durchkneten und auf der bemehlten Arbeitsfläche etwa ½ cm dick ausrollen. Zu beliebigen Formen ausstechen und auf ein Backblech legen. Eigelb mit Sahne verquirlen und das Käsegebäck damit bestreichen. Im vorgeheizten Backofen bei 180° etwa 15 Minuten backen. Sofort vom Blech lösen und auskühlen lassen.

Kräuterbrot

500 g Weizenmehl Type 1050
1 Päckchen Trockenhefe
1 TL Zucker
Salz
weißer Pfeffer
¼ l lauwarme Buttermilch
3 EL lauwarmes Wasser
1 Bund Schnittlauch
1 Bund Petersilie, einige Zweige frischer Thymian
1 Bund Basilikum
2 EL gekeimte Weizenkörner
1 EL Sonnenblumenöl

Mehl mit Hefe, Zucker, einer kräftigen Prise Salz, Pfeffer, Buttermilch und Wasser mischen. Alles auf der bemehlten Arbeitsfläche etwa 5 Minuten kneten. Teig zugedeckt an einem warmen Ort gehen lassen, bis er sein Volumen verdoppelt hat. Kräuter waschen, trockenschwenken und fein zerkleinern. Weizenkörner kalt abspülen und abtropfen lassen. Kräuter und Weizenkeime unter den Hefeteig mischen. Teig zu einem ovalen Leib formen. Backblech mit wenig Öl bestreichen. Brot darauflegen und weitere 30 Minuten gehen lassen. Im vorgeheizten Backofen bei 180° etwa 1 Stunde backen. Dabei nach der Hälfte der Backzeit mit dem restlichen Öl bestreichen. Klopftest machen. Klingt das Brot hohl, ist es fertig.

Zwiebelkuchen mit Speck und Sesam

300 g Weizenmehl Type 1050
1 Päckchen Trockenhefe
Salz
½ TL Zucker
1 EL Sonnenblumenöl
1 Eigelb
1 EL saure Sahne
⅛ l lauwarmes Wasser
1 kg Zwiebeln
200 g durchwachsener Speck
2 EL Öl
3 Eier
1 Becher Crème fraîche (200 g)
½ Becher süße Sahne (100 g)
weißer Pfeffer
1 EL Kümmel
3 EL ungeschälte Sesamkörner
Fett für das Blech

Mehl mit Trockenhefe, 1 Prise Salz, Zucker, Öl, Eigelb und saurer Sahne mischen. Wasser zugießen. Alles verrühren und auf einer leicht bemehlten Arbeitsfläche etwa 5 Minuten durchkneten. Teig zugedeckt an einem warmen Ort gehen lassen, bis er sein Volumen verdoppelt hat. Inzwischen Zwiebeln schälen und fein hacken. Speck würfeln. Öl erhitzen und den Speck darin bei schwacher Hitze unter Rühren ausbraten. Zwiebeln zugeben und glasig braten. Zwiebelmasse abkühlen lassen, dann mit Eiern, Crème fraîche und Sahne mischen. Mit Salz und Pfeffer würzen. Kümmel und Sesam untermischen. Teig noch einmal durchkneten. Ein gefettetes Backblech damit auslegen. Zwiebelmasse darauf verteilen und den Teig noch einmal 15 Minuten gehen lassen. Zwiebelkuchen im vorgeheizten Backofen bei 200° etwa 30 Minuten backen. Heiß oder lauwarm servieren.

Weizenschrotbrot mit Nüssen

300 g Weizenschrot
200 g Weizenmehl Type 1050
1 Päckchen Trockenhefe
70 g gehackte Walnußkerne
½ TL Zucker
1 EL Salz
1 TL gemahlener Kümmel
½ l lauwarmes Wasser
Fett für die Form

Weizenschrot, Mehl, Hefe, Nüsse, Zucker, Salz und Kümmel mischen. Wasser zugießen. Teig mit den Knethaken des Handrührgerätes verrühren, bis der Teig große Blasen wirft. Teig in eine gefettete Kastenform von 30 cm Länge füllen und zugedeckt an einem warmen Ort 1 Stunde gehen lassen. Brot im vorgeheizten Ofen bei 200° etwa 45 Minuten backen. Stäbchenprobe machen. In der Form 10 Minuten stehenlassen, dann auf ein Kuchengitter stürzen und vor dem Anschneiden vollkommen auskühlen lassen.

Käsetorte mit Grünkernschrot

250 g Weizenmehl Type 1050
125 g Butter
1 Eigelb
Salz
1 Zwiebel
1 Knoblauchzehe
1–2 EL Öl
150 g geschroteter Grünkern
¼ l Wasser
250 g geriebener Emmentaler
¼ l Buttermilch
Cayennepfeffer

Mehl mit weicher Butter, Eigelb und 1 Prise Salz zu einem glatten Teig verkneten. In Folie gewickelt etwa 1 Stunde kühl stellen. Inzwischen Zwiebel und Knoblauch schälen und fein hacken. Öl erhitzen. Zwiebel und Knoblauch darin glasig braten. Grünkern zugeben und mitbraten, bis er vom Fett überzogen ist. Wasser angießen, zum Kochen bringen und den Grünkern 10 Minuten leise köcheln lassen. Auf der abgeschalteten Kochplatte 20 Minuten ausquellen, dann abkühlen lassen.

Grünkern gegebenenfalls abtropfen lassen und mit dem Käse und der Buttermilch mischen. Mit Salz und Cayennepfeffer pikant abschmecken. Eine gefettete Springform von 26 cm Durchmesser mit dem Teig auskleiden, dabei einen etwa 2 cm hohen Rand formen. Teigboden mehrmals einstechen. Grünkernmasse darauf verteilen. Torte im vorgeheizten Backofen bei 200° etwa 30 Minuten backen, bis die Oberfläche leicht gebräunt ist. Lauwarm servieren.

Blätterteigtorte mit Pilzen und Sprossen

1 Paket Tiefkühl-Blätterteig (300 g)
1 Zwiebel
1 Knoblauchzehe
500 g Champignons
1 EL Butter
Salz
weißer Pfeffer
250 g gekeimte Mungobohnen
1 EL geriebenes Schwarzbrot
2 Eier
100 g geriebener Parmesan
1 Becher Crème fraîche (200 g)
Cayennepfeffer

Blätterteig auftauen lassen. Inzwischen Zwiebel und Knoblauch schälen und hacken. Pilze putzen, gegebenenfalls kurz waschen, und blättrig schneiden. Butter zerlassen. Zwiebel und Knoblauch darin glasig braten. Pilze zugeben und bei starker Hitze braten, bis die Flüssigkeit wieder verdampft ist. Pilze mit Salz und Pfeffer würzen. Mungokeime kalt abspülen und in wenig Salzwasser etwa 3 Minuten vorgaren. Abtropfen lassen. Eine kalt ausgespülte Springform von 26 cm Durchmesser kalt ausspülen und mit den Blätterteigplatten auslegen. Die Ränder fest aneinanderdrücken und den Teigboden mehrmals einstechen. Pilze und Mungokeime darauf verteilen und mit den Brotbröseln bestreuen. Eier mit Käse und Crème fraîche verquirlen. Mit Salz und Cayennepfeffer pikant abschmecken. Über die Pilzmischung gießen. Torte im vorgeheizten Backofen bei 225° etwa 40 Minuten backen. Warm oder lauwarm servieren.

Roggenbrötchen

250 g Roggenvollkornmehl
250 g Weizenvollkornmehl
60 g Sonnenblumenkerne
½ Päckchen Trockenhefe
75 g Sauerteig
½ EL Salz
½ EL gemahlener Kümmel
½ Becher Sanoghurt (100 g)
⅛ l lauwarme Milch
¼ l lauwarmes Wasser
Fett fürs Blech

Beide Mehlsorten, Sonnenblumenkerne, Hefe, Sauerteig, Salz und Kümmel mischen. Sanoghurt darüber verteilen. Milch und Wasser zugießen und den Teig mit den Knethaken des Handrührgerätes etwa 5 Minuten durchrühren. Teig zugedeckt an einem warmen Ort gehen lassen, bis er sein Volumen verdoppelt hat. Teig auf einer bemehlten Arbeitsfläche etwa 5 Minuten durchkneten, zu Brötchen formen und mit einem scharfen Messer kreuzweise einschneiden. Mit Mehl bestäuben und auf einem gefetteten Backblech weitere 20 Minuten gehen lassen. Blech mit Wasser besprühen und die Brötchen im vorgeheizten Backofen bei 200° etwa 45 Minuten backen. Dabei zweimal mit kaltem Wasser bestreichen.

Blätterteigtaschen mit Linsen, Huhn und Lauch

1 Paket Tiefkühl-Blätterteig (300 g)
1 entbeinte Hühnerbrust (etwa 200 g)
1 Stange Lauch
1 Knoblauchzehe
1 Bund Petersilie
einige Zweige frischer Thymian
150 g gegarte Linsen
½ TL scharfer Senf
1 TL Zitronensaft
1 Ei
Salz
weißer Pfeffer
1 Eigelb
1 EL Sahne

Blätterteig auftauen lassen. Hühnerbrust trockentupfen und sehr fein hacken. Lauch putzen, waschen und in feine Ringe schneiden. Knoblauch schälen und fein hacken. Kräuter waschen, trockenschwenken und fein zerkleinern. Huhn, Lauch, Knoblauch, Kräuter, Linsen, Senf, Zitronensaft und Ei mischen. Mit Salz und Pfeffer würzen. Blätterteigplatten aufeinanderlegen und auf einer leicht bemehlten Arbeitsfläche dünn ausrollen. In Quadrate schneiden und jeweils mit etwas Füllung belegen. Quadrate diagonal zusammenklappen. Ränder mit einer Gabel fest zusammendrücken. Blätterteigtaschen auf ein kalt abgespültes Backblech legen. Eigelb mit Sahne verquirlen und die Taschen damit bestreichen. Im vorgeheizten Backofen bei 200° etwa 30 Minuten backen. Heiß servieren.

Gemüsepastete mit Kichererbsen

1 Paket Tiefkühl-Blätterteig (300 g)
500 g Tomaten
500 g Kohlrabi
300 g Spinat
300 g gekeimte Kichererbsen
1 Zwiebel
1 Knoblauchzehe
1 Bund Petersilie
1 EL Butter
⅛ l süße Sahne
Salz
schwarzer Pfeffer
2 EL Milch

Blätterteig auftauen lassen. Tomaten häuten und würfeln, dabei Kerne und Stielansätze entfernen. Kohlrabi schälen, waschen und in Stifte schneiden. Spinat verlesen, waschen, abtropfen lassen und grob hacken. Kichererbsen kalt abspülen, abtropfen lassen und ebenfalls grob hacken. Zwiebel und Knoblauch schälen und fein hacken. Petersilie waschen, trockenschwenken und fein zerkleinern. Butter zerlassen. Zwiebel und Knoblauch darin glasig braten. Alle Gemüse und die Kichererbsen zugeben und braten, bis die Flüssigkeit wieder verdampft ist. Sahne nach und nach zugießen und jeweils wieder einkochen lassen. Petersilie untermischen und das Gemüse mit Salz und Pfeffer würzen. In eine feuerfeste Form füllen. Blätterteigplatten übereinanderlegen und auf einer bemehlten Arbeitsfläche ausrollen. Das Gemüse damit bedecken. Blätterteigdeckel mit Milch bestreichen und die Pastete im vorgeheizten Backofen bei 200° etwa 30 Minuten backen. Heiß servieren.

Quiche mit Rosenkohl

250 g Weizenvollkornmehl
5 Eier
Salz
1–2 EL kaltes Wasser
125 g Butter
500 g Rosenkohl
100 g geriebener Emmentaler
¼ l Sahne
Paprikapulver
schwarzer Pfeffer
2 EL Butter

Mehl mit einem Ei, einer Prise Salz, Wasser und Butter zu einem glatten Teig verkneten. In Folie gewickelt mindestens 30 Minuten kühl stellen. Inzwischen Rosenkohl putzen und in reichlich sprudelnd kochendem Salzwasser etwa 3 Minuten vorgaren. Abschrecken und abtropfen lassen. Den Teig noch einmal durchkneten und eine Springform von 26 cm Durchmesser damit auskleiden. Rosenkohl darauf verteilen. Restliche Eier mit Käse und Sahne verquirlen. Mit Salz, Paprika und Pfeffer würzen und über den Rosenkohl gießen. Butterflöckchen darauf verteilen. Quiche im vorgeheizten Backofen bei 200° etwa 30 Minuten backen, bis die Oberfläche schön gebräunt ist. Heiß oder lauwarm servieren.

Weizenkeimbrötchen mit Kräutern

350 g Kartoffeln
500 g Weizenmehl Type 1050
2 Päckchen Trockenhefe
2 Eigelb
50 g Butter
½ EL Salz
200 ccm lauwarme Milch
200 g gekeimte Weizenkörner
1 EL Öl
75 g gemischte Kräuter (z. B. Zitronenmelisse, Thymian, Basilikum, Petersilie, Schnittlauch oder Kerbel)
Fett für das Blech
2 EL süße Sahne

Kartoffeln waschen, in der Schale weich kochen, schälen, durch die Presse drücken und etwas auskühlen lassen. Dann mit Mehl,

Hefe, Eigelb, Butter und Salz mischen. Milch zugießen, alles verrühren und auf einer bemehlten Arbeitsfläche etwa 5 Minuten durchkneten. Teig zugedeckt an einem warmen Ort gehen lassen, bis er sein Volumen verdoppelt hat. Inzwischen Weizenkeime kalt abspülen und abtropfen lassen. Öl erhitzen. Weizenkeime darin anbraten, bis sie leicht gebräunt sind. Kräuter waschen, trockenschwenken und fein zerkleinern. Zusammen mit den Weizenkeimen unter den gegangenen Teig kneten. Aus dem Teig etwa 15 Brötchen formen, auf ein gefettetes Backblech legen und weitere 20 Minuten gehen lassen. Brötchen mit Sahne bestreichen und im vorgeheizten Backofen bei 200° etwa 45 Minuten backen. Die Brötchen schmecken am besten noch warm.

Dreikornbrot

150 g Sojamehl
700 g Roggenvollkornmehl
150 g Weizenvollkornmehl
150 g Weizenflocken
1 EL Salz
1 EL gemahlener Koriander
2 Päckchen Trockenhefe
2 Päckchen Sauerteig
(je 150 g)
500 g lauwarme Buttermilch
¾ l lauwarmes Wasser
Öl für die Form

Mehlsorten, Weizenflocken, Salz, Koriander, Hefe und Sauerteig mischen. Buttermilch und Wasser zugießen und alles mit den Knethaken des Handrührgerätes etwa 5 Minuten durchrühren. Teig in eine gefettete Kastenform füllen und an einem warmen Ort zugedeckt gehen lassen, bis er sein Volumen verdoppelt hat. Brot im vorgeheizten Backofen bei 200° etwa 1 Stunde backen. Dann bei 180° weitere 30 Minuten backen. Brot während des Backens zweimal mit kaltem Wasser bestreichen. Brot aus der Form lösen. Klopftest machen. Wenn es hohl klingt, ist es fertig.

Speckbrötchen

1 Würfel frische Hefe (42 g)
½ TL Zucker
¼ l lauwarmes Wasser
250 g Weizenmehl Type 1050
250 g Roggenvollkornmehl
Salz
½ EL Kümmel
150 g durchwachsener Speck
Öl für das Blech

Hefe zerbröckeln und mit Zucker und 1 EL Wasser verrühren, bis sie sich vollkommen gelöst hat. Mehlsorten mit Hefemischung, restlichem Wasser, Salz und Kümmel mischen. Auf einer bemehlten Arbeitsfläche etwa 5 Minuten durchkneten. Teig zugedeckt an einem warmen Ort gehen lassen, bis er sein Volumen verdoppelt hat. Inzwischen Speck fein würfeln und ohne weitere Fettzugabe bei schwacher Hitze ausbraten, bis er schön knusprig ist. Ausgebratenes Fett weggießen. Speck unter den Teig kneten. Aus dem Teig etwa 12 Brötchen formen und auf einem gefetteten Backblech weitere 15 Minuten gehen lassen. Brötchen kreuzweise einschneiden und mit kaltem Wasser bestreichen. Im vorgeheizten Backofen bei 220° etwa 30 Minuten backen. Die Brötchen schmecken frisch am besten.

Alphabetisches Register

Register nach Sachgruppen

FRÜHSTÜCK, VORSPEISEN, SNACKS

SÜSSE HAUPTGERICHTE UND DESSERTS

SUPPEN UND EINTÖPFE

VEGETARISCHE HAUPTGERICHTE